「おもてなし」依存が会社をダメにする

観光、ホテル、旅館業のための情報産業論

元株式会社帝国ホテル経営管理室
元シティグループ投資銀行部門
現ホスピタリティーコーチングサービス代表

青木昌城 著

文眞堂

推　薦

２０１５年の今、観光・ホテル・旅館業界が待ち望んでいる「２０２０年東京オリンピック」。皆さんご存知の通り、招致決定のキーワードは「おもてなし」。以来この言葉は巷にあふれかえっている……国内のみならず、海外からも、多くのお客様を期待する観光・ホテル・旅館業界にとってはまさに「おもてなし」で勝負！　の感さえ漂っている。

巷にあふれる「おもてなし」、この風潮に対し著者青木氏は、本書の中で〈「おもてなし」などと浮かれている場合ではないのです〉と冷静に書き出します。

著者は帝国ホテルで勤務の後、外資系投資銀行で、破綻した施設の再生に、数多く携わった人物。そういう人間からさらりと語られるこの言葉、実は大変重い問題提起なのです。

そう２０２０年で、全てが終わるわけではないのです。２０２０年、その先もますますグローバル化する世界の中で、日本の観光・ホテル・旅館業界が世界規模の渦にのみこまれず勝ち残って行くために、彼は警鐘を鳴らしているのです。

この書の構成は　序章：サービス業の本質をつかむ　１章：「おもてなしの国」に世界的企業がない不思議　２章：サービス品質　３章：実務の組立　となっています。

詳しくは本書を熟読していただくとして、各章を概観してみると

序章、1章では、外資チェーン、海外ホテル事業等世界と対抗していくために、日本の観光・ホテル・旅館業界がその最大の売りである「おもてなし」を〈「おもてなし」(の心)のしくみを商品とする産業である〉ことに昇華させる事が必要であり、その為に自らを「情報産業」と認識すべきであると言う主張が展開されます。何故「情報産業」なのかという疑問に著者は、業界自体の体質の甘さを指摘し、一方で既に「情報産業化」を果たし、世界トップクラスの座に君臨し続ける日本のメーカーが、情報をどの様に活用し、その製品を商品たらしめる厳しい努力を日々続けているのかを説明し、観光・ホテル・旅館業に奮起を促します。

2章では、高品質を作り出し維持していく、その事が「情報産業」であり、それを支えるのは「人」であることを述べ、「人」の育成、そして「人」から作られる組織について言及します。一人一人の個から、どのような組織を作るべきか、そこでどのように情報を扱い、組織として品質を作り出し、保って行くのか、丁寧に説明していきます。中でも客室の清掃を製造業との比較から説明する部分は、多くの方にとって目から鱗のはずで是非とも熟読していただきたいと思います。

3章で語られるのは、業績回復の為の具体的手法です。経営も「人」、医療も「人」という観点から、現代医療の考え方を基に、「業績回復」を病気から「健康に戻る」こととみなし、経営プロセスを治療プロセスと考え、非常に分かりやすく解説しています。又、更なる業績向上の為〈顧客のうれしい〉を確実に提供する仕組みを構

築する手段として、著者の十八番であるサービスサイクル図、そして業務フロー図を用い丁寧に説明します。ケーススタディと併せ、じっくり読み込まれることをお勧めいたします。

本書の中で著者が「情報化」同様強く訴えているのは、実は「人」。〈お客様と全人格的な「教養」をめぐる勝負をしているのが宿泊業……〉と言う表現に込められた著者の、業界に携わる「人」への想いを是非感じ取っていただきたいと思います。

経営企画出身者が書いた「～論」と聞くと、難解な感じを受ける方もいらっしゃると思いますが、さにあらず、本書は著者の永年の豊富な体験から、多くの事例を紹介し、それを分かりやすく具体的に解説する形をとっています。したがって、業界に携わっていない方が、読み物として気楽に読んで面白く、業界に携わる方々がこの本を基本書として、更に深く勉強されるのにも、充分応える事が出来る好著として出来上がっています。

推薦者として、これだけ多くの文献を紹介できる著者の博識、博学ぶりを一人でも多くの方が本書を手に取り、感じて頂けることを切に願う次第であります。

２０１５年　新緑の時期に　株式会社三井不動産ホテルマネジメント元社長・会長　松本邦夫

はじめに

バブル経済の崩壊によるショックをのぞいても、ホテルや旅館経営が厳しい時代を迎えてすでに十五年ほど経過しました。さらにデフレからの克服を政府が最優先課題としているように、価格競争という体力勝負も長期化しています。その結果、複数回の破たんを経験する企業がゾンビ化して、周辺の健全な企業をも劣化させるという感染症的状況も発生してずいぶんたちました。

わたしが、帝国ホテルの経営企画畑にながく在籍したのち、外資系投資銀行にうつり、破たんにより購入した施設の事業再生を担当した経験や、その後のコンサルタントとして感じることは、この時代でも上手に業績をのばしている企業もあれば、残念ながら廃業にいたる企業もあり、その分岐となるかんがえかたのちがいを強く想わざるをえないことです。

ひとことでいえば、システム、としてサービスをとらえているかいないかのちがいではないかとおもうのです。このことを、本書では、「情報産業」というとらえ方で定義いたしました。

わたしがホテル出身であることから、おおくの事例や語り口は「宿泊業」を題材にしています。これは、サービス業としての「宿泊業」はさまざまなサービスが複合的にあるので説明にちょうどよい業態であることが理由になります。ですから、本質的には、宿泊業以外のかたがたにも参考になるであろうとひそかにおもっております。そこで、本書のタイトルにも「観光業」を加えました。どうぞ、想像力と妄想力でパターンをよみとっていただければとおもいます。

さて、宿という商売はむかしからあるし、小規模であれば家族だけでもできる事業です。外からみれば業務内容もそんなにむずかしいことではないようにおもえます。さらに、この国には「おもてなしの心」が重視される土壌があります。

もちろんわたしは全部を否定いたしません。しかし、「おもてなし（の心）」だけで（宿の）経営はなりたちません。お客様に「おもてなし（の心）」をアピールすることはよいこと、という程度です。つまり、あくまで、システム、としてサービスをとらまえれば、企業組織内部での視点が「おもてなし（の心）」だけではいけないということを強調しておきたいのです。

この本では、情報産業のなかの宿という事業を、『「おもてなし（の心）」の実現システム』として定義し、分解します。こうすることで、「おもてなし（の心）」があるなしにかかわらず、業務自体の改善のヒントをたくさん示すことができるようになるからです。

なぜなら、「おもてなし（の心）」こそがシステム設計の原理になるものなので、そこから生まれたシステム自体に「おもてなし（の心）」は必要ないのです。つまり、それは確実にコピーされて含まれているからです。

にもかかわらず、「おもてなし（の心）」のあるなしが職場でかたられるのはなぜでしょう？ 議論はめぐって、その理由は、その組織が事業としてシステムを提供していることに気がついていないからです。ここでいう「システム」とは「仕組み」のことで、コンピューター関係の用語ではありません。

そして、単に「おもてなし（の心）」という、ことばの世界に遊び・逃げているだけではないでしょうか？ そうであれば、まさに「おもてなし（の心）」が組織をダメにしていることになります。

「おもてなし（の心）」はシステムとして実現するものなのです。

宿の仕事は通常、繰り返し業務の連続です。ですから、「昔からやっている」といった理由で、すなわち無意識でもある程度のシステムはどこの宿にもあります。問題は、そのシステムがなりたつ業務の範囲と深さなのです。それが、その宿のもつ独特の「おもてなし」思想と一貫性をもった業務として表現できているか？　また、すべての業務に整合性があるか？　などというチェックを経て提供され続けているからこその「業」だという認識があるかということです。

業績がよい宿の共通の特徴は、これができていることに尽きます。そのシステムとしてのレベルはひじょうに高度です。逆に、業績のかんばしくない宿は、規模の大小にかかわらず、その場の思いつきにも似た「おもてなし」だけに頼る傾向があります。一見、なにがちがうのかわかりにくいのですが、再現性のちがいともいえるでしょう。

おもしろいたとえがあります。

最近では、ネット配信でさまざまな映像が手軽に視聴できるようになりました。昔なつかしいものもあります。ここで、不思議なものを確認できます。有名な芸人の映像や録音なのですが、演じている場所がちがっても、あるネタでの演技内容が同じものをみつけることができます。

たとえば、漫才。まったくおなじ内容を、まったくちがう場所で演じているのです。アドリブにみえた仕草まで同じなのです。まさに「演じ」ているのです。あたりまえのようにおもわれますが、これが「プロ」の演技です。つまり、再現性なのです。

おそらく、なんども練習をくりかえすのでしょう。そして、ほんのわずかにちがうのは、その会場の雰囲気にあわせた、まさにアドリブです。これがライブの楽しみなのでしょう。

アドリブは、とっさに出るモノですが、基本があってのものとして価値があります。プロの演技には基本があります。これが逆転すると、大変です。アドリブだらけでは、おそらく長く続きません。

サービスも同様だということです。演じるために用意する会場、台本、演出、演者、そして観客の乗り。ここに偶然性はありません。綿密な準備と計画があってはじめて成立します。さらに、これらをビジネスとして束ねるためのマネジメント手法の研究と実践は、やはりひとつのシステムとしてかんがえるべきだとおもいます。そして、ときに偶然をよそおうことが計画的にできたら、みごとな感情ビジネスに進化したといえるでしょう。ディズニーを筆頭に数々の有名なファンタジー映画のおおくは、こうした研究の成果ともいえます。(注)

本書は、前半が理論的解説、後半が実務的解説になっています。

理論的解説では、おおくの文献を参考にしています。これらをご覧いただきますと、かなり古いものがめだつかもしれません。なるべく「古典」的な資料を選んでいます。

しかし、これら偉大な先人たちの努力があってこその今日だという認識にたてば、決して書かれた年代が古いことは問題にならず、むしろ、すぐれた研究がかなり前にされていることの方が驚きにあたいします。そのような意味で、本書では「新しい知見」を得ることはあまりないといえます。むしろ、これらの古い材料を調理した、ひとつの大皿料理のようなものとご理解いただけたら幸いです。

本書を踏み台に、最新の研究資料にあたられると、さらに実務でのヒントが得られることとおもいます。

企画実務では、理論と実践のバランスが重視されます。理論にかたむけば「学者」に、実務に傾けば「〇〇屋」になります。どちらも立派ですが、わたしはやはり「企画屋」が抜けません。

そこで、本書では、実務の組立として、日常業務の見直しに役立つサービス設計の手法について、サービス・サイクル図と業務フロー図の活用の紹介もしています。ケース・スタディーとあわせてご覧ください。とくに、サービス・サイクル図は、わたしが工夫したもので、「サービス・サイクル図」という呼び方もわたしが勝手につけました。

どちらの図もわたしの経験上では確度のたかい方法で、これまで大きな成果をみちびいています。ぜひ、みなさんの現場でも活用されることをおすすめします。

また、随所にある「超辛口コラム」では、実例をやや誇張しながら過激に紹介しています。現場でのできごとをからかっているように見えたら、それはわたしの文才のなさです。決してそのようなつもりではなく、むしろ、はやく気づいてほしいという願いの強さからであると、あらかじめおことわりしておきます。サービス・サイクル図における「お客様欄」をイメージしながら再読されると、すこし興奮が冷めるかとおもいます。

完璧ではありませんが、きっとお役に立てるものとおもいます。どうか、最後のページまでおつき合いいただけますように。

（注）　クリストファー・ボグラー（Christopher Voglar）（２００２）『神話の法則—ライターズ・ジャーニー（夢を語る技術シリーズ５）』ストーリーアーツ&サイエンス研究所。

目次

序　サービス業の本質をつかむ

「サービス業」とはなにをなりわいにしているのでしょうか？

「サービス」を定義しようとした場合、一般に「目に見えない」とか、「供給と消費が同時に行われる」とか、「再現性が困難」とかという、いわゆる「無形」の「サービス」に注視した議論がよくいわれています。

わたしが主にお手伝いしている日本旅館の再生の現場では、「サービス」がさまざまな用語としてつかわれております。

たとえば、お出迎えの「サービス」や荷物を運ぶ「サービス」、そして、割引や値引きの「サービス」といった値段にかかわるものだったり、好き嫌いやアレルギーに対応した料理を提供する「サービス」とかといった具合です。さらに、ロビーの生花やお風呂場や脱衣所の清掃も、大切な「サービス」のうちに含まれる、という言い方にありますように、施設管理も「サービス」のなかにはいっています。建物の見た目もそうですし、ハイヤーのボディーがぴかぴかなのも同じ理由ですね。

このように「サービス」は「サービス業」として見ますと、たいへん用語の利用範囲が広いことがわかります。

ところで、なかなか気づかないことですが、飲食業や宿泊業をはじめとしたサービス業にとって、「利益」をとらえることは困難だということをご存じでしょうか?

表序-1(注1)、キーワードは「手余り」と「手不足」です。

「手余り」というのは、よくある「手持ちぶさた」のことです。従業員は待機状態となり、お客様がいないので売上はゼロですが、人件費はかかっています。よくある光景です。一方、「手不足」は、お客様が次から次へとあらわれて、対応が間に合わない状態です。このような状態がつづき慢性的になると、「人が足らない」という不満が従業員からでてきます。これもよくあるはなしです。

さて、ここにあまり評判でない日本そば屋さんがあるとします。昼時なのにお客様はまばらです。そこに一人のお客様がやってきて、もりそばを注文しました。しばらくして、そのお客様にできあがったもりそばを運ぼうとしたとき、ひょいとつまずいておそばを床に落としてしまいました。しかし、お客様は冷静で、作り直すのを待ってくれ、食事がおわると料金を支払って店をでました。

表序-1　わたしたちの商売の本質的難易度は高い

(1)手余り

人も設備も遊んでいる時間が多くあり、注文の多少が売り上げを左右する状態をいう。手余り状態の蕎麦屋を例にする。

①売　価	500円
②材料費	200円
③人件費	150円
④減価償却	70円
⑤利　益	80円

もりそばを出そうとしたら床に落としてしまった。
すぐ作りなおして客に出した。
客は食べ終わって500円を支払って帰った。
この蕎麦屋の損失はa〜gのどれか? 容器はこわれていない。
a：420円　b：350円　c：200円　d：80円　e：150円　f：300円　g：500円

(出所)　千住鎮雄・伏見多美雄(1994)『新版経済性工学の基礎』(意思決定のための経済性分析)日本能率協会マネジメントセンター、53-55頁　※初版は1982年。

この店の損失額はいくらでしょう？　表序-1にあるａからｇまでの記号でこたえなさい。というクイズです。

おわかりになりましたか？　答えはｃの２００円です。つまり材料費だけが損になります。人件費はこのお客様だけにつけるわけにはいきません。ましてや減価償却費はこの例のばあいは関係ありません。「手余り」のときでも、たとえば時給９００円のパートさんの人件費は、お客様が何人来ようが変わりません。

ところが、こんな店でも大晦日だけは混み合います。年越しそばは、今年も予約で完売が予想されています。そんな日なのに、またもりそばを一人前床に落としてしまいました。

この店の損失額はいくらでしょう？　同様に表序-1にあるａからｇまでの記号でこたえなさい。という問題です。

いかがでしょうか？　答えはｇ．５００円です。今度は「手不足」の状態です。一人前のもりそばを落としたことは、「手余り」のときとおなじです。しかし、今回は予約もあって完売が予想されていましたから、気の毒にそんな事件をしらない最後のお客様が一人前を買いそびれてしまうことになるのです。つまり、店側は一人前の売上そのものを失うことになります。

このように、「手余り」と「手不足」という条件がちがうと、発生したことはおなじでも、利益についてはまったく違う結果になります。当然ですが、最後に買えなかったお客様のことは、損益計算書に計上されません。売上が発生しなかったのですから、逆に計上することはできません。

現場をよくしる読者のみなさんなら容易に想像できるとおもいますが、この買えなかったお客様はどのように感じたでしょう? 予約をしていたのに買えなかったのです。年末にかなりご立腹になるはずです。もしかすると来年は予約すらしてくれないかもしれません。すると、この店の見えない損失は、どんどんおおきくなります。しかし、損益計算書には絶対に記載されないことなのです。どうすればよいかを職場の仲間と議論してみてください。じつは、かなりの高さの難易度だということがわかります。この一点でも、飲食事業や飲食事業を内包する宿泊事業の難易度は、一般にかんがえられるよりかなり高いのです。

みなさんの事業では、「手余り」と「手不足」どちらの状態のほうがおおいでしょうか? もし、「手余り」の時間が長いようでしたら、表序-2[注2]の(3)手余り状態での改善、を参考にしてください。「サービス品質」の向上や、「サービス品質保証」、「人時生産性」など、あまり耳にしない言葉がでています。これらについても、本書では解説いたします。

つぎの事例はいかがでしょうか?

ときどき、あれっとおもうことに、つぎのような計算があります。

売上=単価×数量　だから

表序-2　わたしたちの商売の本質的難易度は高い

(2)手不足
生産が需要に追いつかずにいる状態のこと。
前例の蕎麦屋も年越し蕎麦で大忙し、今年も完売の状態である。
この蕎麦屋でまた、もりそばを一個床に落としてしまった。
このときの損失はa～gのどれか?
その他の条件は上記(1)と同じである。

(3)手余り状態での改善
人手だけでなく設備も材料も余って稼働していない状態のため、早く仕事が進むことの改善努力は無駄になる。

1. 品質を向上させて製品やサービスの売価を引き上げる
   →サービス品質の定義
2. 不良率の改善、製品やサービスのムラやバラツキの減少で利益増加
   →サービス品質の標準化→サービス品質保証
3. 材料の価格や消費量を低減
   →発注管理→適正在庫→販売予測→業務量調整→人時生産性向上

(出所)　前掲、千住・伏見 (1994)。

単価を20％引き×数量を20％増　として、たとえば、

単価1万円　↓　8千円

販売数100部屋　↓　120部屋　でよしとするかんがえ方をすることです。

じっさいに計算してみればわかります。

単価1万円で100部屋販売していたのですから、1万円×100室＝100万円

ところが、

単価8千円で120部屋売ろうというのですから、8千円×120室＝96万円

となって、4万円足りません。

このばあいは、もとの売上100万円にするには25％増しの125部屋売らなければなりません。よくある勘違いですが、まじめにこのまちがった計算方式で営業している宿があります。かならず電卓をたたくなりの計算をする癖をつければ問題のないことです。残念ながら、なかなかおもうように売上が達成できない理由のひとつです。ところが、これで売上を達成しても、もとの利益水準は達成できません。変動費も25％増しになるからです。変動費とは、売上に連動して動く費用のこと、といわれています。わかりやすい事例は、料理原価です。お客様の数が増えれば、食事もおおく用意しなければなりません。また、把握しにくいですが、客室の電気代やお風呂の水道代も増えるでしょう。

こうしてかんがえると、おなじ水準の営業をするなら、販売数を上げるのではなく、単価を上げることがもっとも利益に貢献することがわかります。

ところが、売上の極大化がだいすきなマネジメントのもとでは、客室という商品は「在庫がもてない」とい

う理由で、とにかく販売を優先する傾向がつよくなります。だれもいない部屋でもエアコンの空気はまわっている、ということから、維持費をすこしでも稼ぎたいという発想です。売上に連動しない費用は、固定費といいます。この例でいうエアコン代はお客様がいない部屋のものなので、固定費になります。教科書では、固定費は削減対象になります。もちろん、まちがいではありません。しかし、優先順位はどうでしょうか？

さて、うまい方法はありますか？　かんがえてみてください。

売らずに儲ける方法があるのですが、なかなか実践しないのはなぜでしょうか？　そもそも、売らずに儲ける方法とはどんなやり方だとおもいますか？　かんがえてみてください。

つぎに、「サービスの瞬間は見えない（形がない）」ということから、新入社員のサービスを近くにいる上司でもコントロールできないといわれています。

だから、サービスの品質管理は困難ということがいわれてきました。それでは、どのような「訓練」をしているのでしょうか？　新入社員が研修をうけて、一人前になるまでどのくらいの時間をようするのでしょうか？　なにをもって「一人前」というのかの定義ができている業種や企業では、おそらくサービス品質についても基準がさだめられているはずです。

逆に、サービス品質についての研究がなされていない業種や企業では、おそらく「一人前」の認定についてもあいまいなままのはずです。

すると、おもてなしを実現するための方法は、いったいいかなるものなのでしょうか？

つまり、サービス業のその本質とは何でありましょうか？

この本質をつかんだうえでの「再生・改善活動」が本来的なものです。やみくもに売上を追求したり、稼働を高めることは、たまたまの結果をだすことはあっても、継続しません。それは「ひとり将棋」にも似ています。実戦では、お客様という強力な対戦相手と向き合わなければならないからです。

いちど、大いなる深みにはまってみてください。その先に見えるモノは、これまでとは違った世界であると確信しています。

（注1）千住鎮雄・伏見多美雄（1994）『新版経済性工学の基礎』（意志決定のための経済性分析）日本能率協会マネジメントセンター、53-55頁。※初版は1982年。
（注2）前掲、千住・伏見（1994）。

1　「おもてなしの国」に世界的企業がない不思議

1-1　外国人旅行者が感動する国

２０２０年開催予定の東京オリンピック招致の歴史的プレゼンテーションは、世に「お・も・て・な・し」ブームを巻きおこしました。

「おもてなしの国」は、外国人観光客にも評判で、ネットの動画サイトなどには数々の映像が投稿されています。そこでは、日本人のきめ細かい心遣いや、洗練されたサービスに感動し、ときには驚きの表情をかくさない外国人の無邪気な姿に、おもわず笑ってしまうこともしばしばです。

たしかに、日本はかなり安全な国で、タクシーで居眠りしてもちゃんと目的地に到着しますし、料金もおかしな金額を請求されることなどありません。領収書もきちんとわたしてくれます。先進国といわれる外国では、こんなことはほとんどあり得ないといわれるばかりか身の危険を注意されることでしょう。電車の運行は世界一の正確さで、誤差は秒単位です。ときにはやかましく聞こえるアナウンスも、日本では安全や到着を知らせてくれるサービスとしてあたりまえですが、外国の駅や列車内でアナウンスを聞くことはめったにありません。わたしの少ない外国旅行経験で、あきらかに外国人であるわたしがよく現地人に列車の行き先を聞かれたりします。最初は不思議でしたが、ガイドブックを手にしている旅行者は行き先がわかっているので、現地の人が確認の質問をしてくるのだとわかりました。さほどに彼の国々では、不親切や不便があたりまえなのです。

日本のコンビニエンス・ストアの品揃えとサービス水準の高さは、外国と比較すれば異様なほど完璧ですし、宅配便の時間指定サービスなども、外国ではまずありえないことです。高級ホテルが周辺にないヨーロッパの田舎を旅すると、クリーニングに困ります。当日サービスがないどころか、普通に一週間の預かりなのです。日本のように、朝10時までに出せば当日の夕方には仕上がる、などというクリーニング屋さんがありません。日本の便利さは突出していると外国人観光客が感じるのは、本当に自国にない便利さがあふれているからです。

だから、日本人にとってのあたりまえに、外国人が驚くのは不思議ではありません。ある投稿に「自分の国でも日本のようなサービスがあればいいのに、なぜできないのだろう？　やっぱり、日本は偉大な国だ」というようなコメントを見ることがあります。わたしも日本人ですから、ちょっと嬉しくなります。

ところで、その日本が世界に誇る企業のトップはトヨタ自動車をはじめとした製造業がすぐに思い出されます。しかし、金融とＩＴ関連産業を除く、日本のサービス業で世界に展開している企業がないのです。これはいったいどうしたことでしょうか？　すこし調べてみましょう。

国際比較をするには、労働生産性を基準にすることが一般的です。生産性の高さが、結局は豊かさにもつながるからです。労働生産性が高い→企業の収益力（競争力）が強い→賃金が上昇する→個人の生活水準が上がる、という図式です。ですから、賃金を上げるためには、労働生産性を向上させることが必要です。いっとき、生産性を無視した判断で、賃金を上昇させても、それは経済の原則にかないませんからかならず息切れしてしまい、

図 1-1-1　OECD 加盟諸国の労働生産性（2012 年/34 カ国比較）

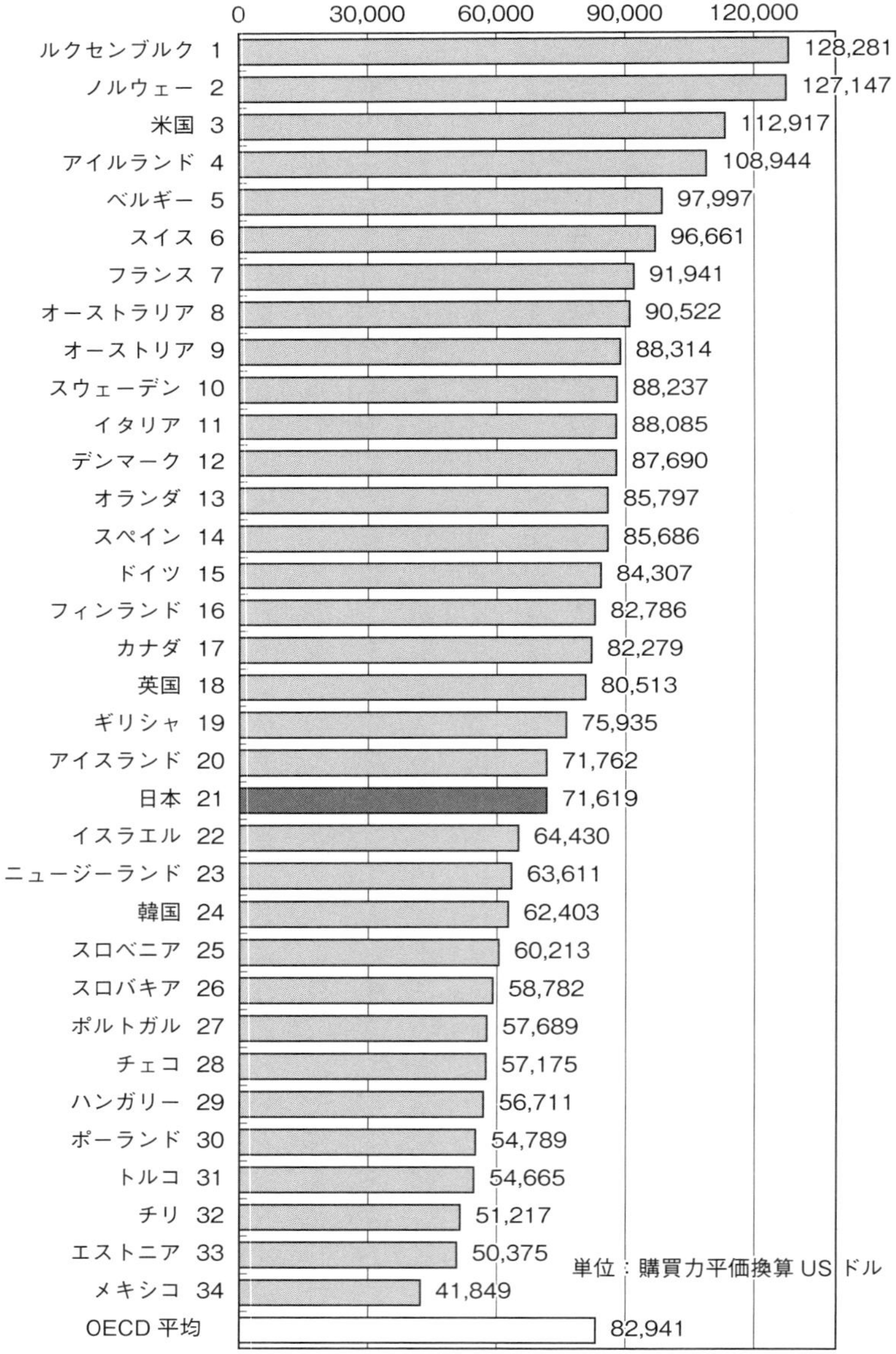

（出所）　公益財団法人日本生産性本部『日本の生産性の動向 2013 年版』http://www.jpc-net.jp/annual_trend/

どこかで現実との調整がはかられることになります。

さて、ここに掲載したのは日本生産性本部が発表した資料です（図1-1-1）（注1）。日本は7万1619ドル（759万円）で21位です。あのギリシャが19位で日本より上位ですが、高い失業率（23・6％）から、実際の就労者数の減少が労働生産性を維持している状態と解説されています。OECDの平均が8万2941ドルですから、平均の86・3％にとどまっている状態です。ちなみに、アメリカを100とすると、63・4という状況です。また、70年代から2012年までをながめると、日本が労働生産性で10位内にはいったことはなく、最高で90年の14位でした。

時間あたりの生産性はどうでしょうか。これは最近「人時生産性」とよばれ注目されてきています。「従業員1人あたり、1時間あたりの生産性」という意味ですから、時給の概念と比較することができます（図1-1-2）（注2）。

日本は40・1ドル（4250円）で、90年代後半から、主要先進7カ国（アメリカ：64・1ドル、フランス：59・5ドル、ドイツ：58・3ドル、カナダ：51・8ドル、英国：48・5ドル、イタリア：46・7ドル）で最下位が続いています。

この「4250円」という数字は記憶しておきたい数字です。労働生産性の数字は、「付加価値」をあらわしますから、売上高ではありません。誤解をおそれずにざっくりいえば企業決算の「売上総利益」にほぼ相当します。原材料は他者から仕入れたものですから、自分で価値を加える前のものです。そうすると、総労働時間で売上総利益を割れば、自社の人時生産性がわかります。管理職や経営者の労働時間も加えないと正しくありませんので、念のため。

図 1-1-2　OECD 加盟諸国の時間当たり労働生産性（2012 年/34 カ国比較）

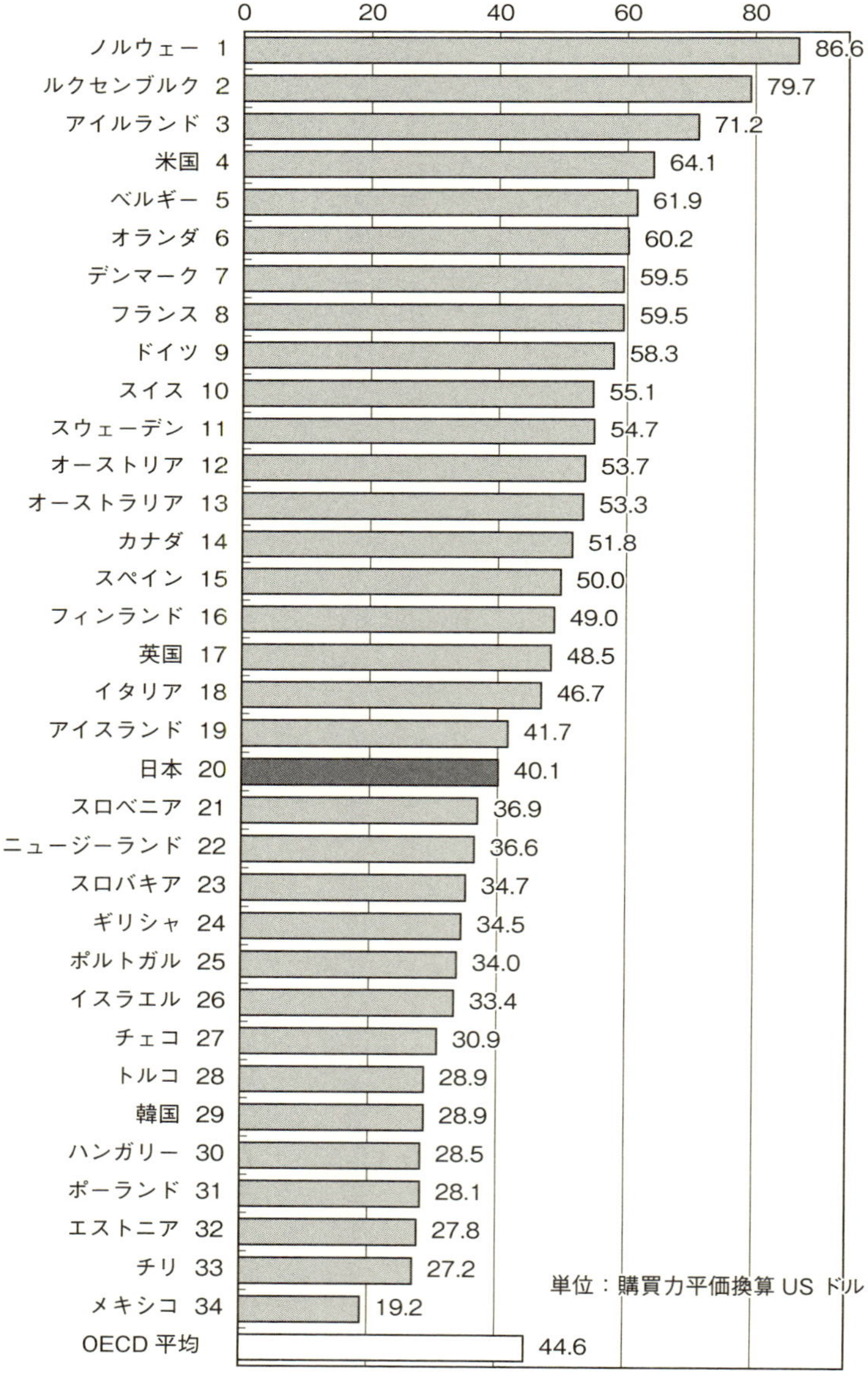

（出所）　前掲、日本生産性本部。

さて、この資料には産業別の分析もあります。しかし、産業別の各国比較をするばあい、公表されているデータがすくないので、なかなか困難であることが問題です。製造業のばあいは、調整ができるすくない分野になっています（図1-1-3）（注3）。

製造業の分類では、日本は7位に上昇し、10万1831ドルはOECDの平均7万168ドルの145・1％になります。まさに、日本はものづくりの国だ、と感心しないわけにはいきません（表1-1-1）（注4）。

この表をみると、日本人としての感覚と一致するのではないかとおもいます。日本は世界トップクラスの国だ、という感覚です。どうやら、わたしたちは、全体を見ずに製造業だけをみてきたのではないか？という疑問と反省の気分になるのです。製造業は世界トップクラスにあることはまちがいないのに、全体の数字になると平凡な状況になってしまうということは、製造業以外でそうとう足を引っぱっていることになります。

それはどんな業種なのか？

残念ながら、サービス業、なかでも、飲食業や宿泊業の低さがめだつのです。

えっ！おもてなしの国なのに？

このへんをお国はどう評価しているかを経済産業省でみますと、

表 1-1-1　製造業の労働生産性水準上位 10 カ国の変遷

	1990		1995		2000		2005		2011	
1	日本	56,858	日本	75,634	米国	80,380	米国	107,813	スイス	158,849
2	ルクセンブルク	56,643	スイス	71,284	日本	72,277	スイス	101,779	米国	149,843
3	米国	53,948	ルクセンブルク	69,389	スイス	64,577	スウェーデン	96,846	ノルウェー	135,279
4	スイス	50,031	米国	67,538	フィンランド	63,879	フィンランド	92,113	オランダ	122,292
5	ベルギー	48,892	ベルギー	67,232	ルクセンブルク	63,257	ノルウェー	90,924	フィンランド	105,674
6	イタリア	46,668	スウェーデン	61,525	スウェーデン	61,166	ルクセンブルク	87,661	オーストリア	104,801
7	フィンランド	46,627	フィンランド	58,786	カナダ	54,792	日本	81,751	日本	101,831
8	フランス	44,227	フランス	56,967	ノルウェー	52,475	オーストリア	77,948	ベルギー	95,682
9	スウェーデン	43,310	オランダ	53,591	ベルギー	52,452	ベルギー	76,918	ドイツ	89,373
10	カナダ	42,773	ドイツ	51,483	フランス	51,733	フランス	72,416	デンマーク	88,052

（単位）US ドル（移動平均した為替レートにより換算）

（出所）　前掲、日本生産性本部。

図 1-1-3　製造業の名目労働生産性水準（2011 年/OECD 加盟国）

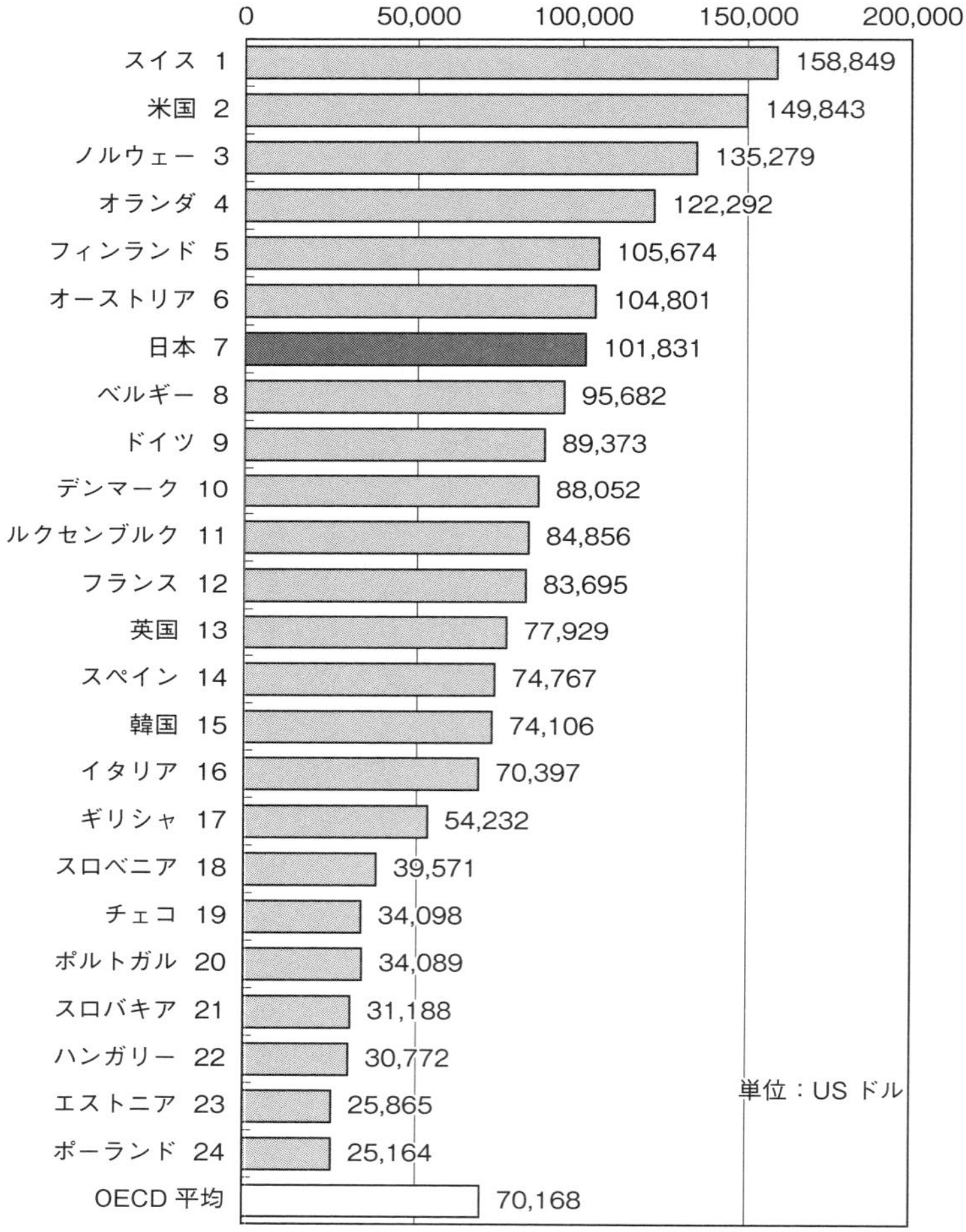

（出所）　前掲、日本生産性本部。

「製造業と比べて、低いサービス産業の生産性の伸び

ほとんどの先進諸国においても、サービス産業※の生産性の伸びは製造業より低いが、中でも日本は、伸びの差が大きく、経済成長における課題となっている。

※当資料内で「サービス産業」が3次産業を指す場合には※を付すこととする。[注5]」

そして、その理由の分析は、

「サービス産業の低い生産性の背景

　サービス産業に共通の特性

サービス産業は多様である。しかし、他方で、サービス産業は、「無形性」（目に見えない）、「同時性」（提供と同時に消滅）などの共通の特性を持つ。

また、サービス産業は新たなニーズに対応して生まれる若い産業が多く、中小企業比率も高いという「新規性・中小企業性」という特性もある。

サービス産業の低い生産性は、これらの特性から来る、グローバルな競争に晒されていない産業が多い、市場が地域に限られる、消費者等に品質等の情報が行き渡りにくい等の市場環境が背景にあると考えられる。[注6]」

さらに、

「イノベーションと生産性の向上を目指して
サービス産業は日本の産業の約7割（雇用ベースおよびGDPベース）を占める非常に重要な産業であり、今後の経済成長の牽引役として期待されている。しかし、その生産性の低いことが日本の経済成長における大きな課題となっている。例えば、米国のサービス産業はIT化やマーケティングによって魅力あるサービスを提供しているため、生産性の向上が加速している。しかし、日本の場合、最近は状況が進化しているとはいえ、いまだ製造業と比べて、また他国のサービス産業と比べて生産性は相対的に低い。[注7]」

これは驚きです。「先進国ニッポン」とおもっていたら、そうではなく、さらに、サービス業の生産性という視点では先進国で中位程度です（図1-1-4）[注8]。生産性が低いということは、賃金も低いはずだと想像できます。生産性が低いのに、高い賃金を支払いつづけることはできないからです。

わが国のサービス業の生産性が低いのは、利用者が手厚いサービスを享受しているということなのでしょうか？ だとすると、日本のサービス業は、本当にお客様に「サービス（奉仕）」してしまっているということになります。それは、サービスという仕事をお金に換える力が弱いということでもあります。かたい言いかたをすれば、サービスをする会社、またはそこで働くひとが得られたであろう「所得」が、だまってお客様に吸い取られている状態、つまり「所得移転」してしまっているのではないか？ という疑問になります。では、日本よりサービス水準が劣る外国は、劣悪なサービスでお金に換えているということになりますから、ぼったくりではないか？ という疑問もでてきます。このことが外国人観光客の日本絶賛の正体だとすると痛し痒しです。

生産性についての議論でたいせつなことは、「働き方」と「働かせ方」としてかんがえる必要があるということです。

わたしたちの、どんな働き方や働かせ方が問題なのでしょうか？ そのことをかんがえるには、「サービス業」とはなにか？ そして、「自社のビジネス・モデル」はなにか？ をいちど深く追求すべきです。

事業再生にいたってしまった企業のおおくが、この問いを深くかんがえることなく苦境に陥ったとおもわれます。

「そんなことをかんがえる余裕などなかった」とおおくの経営者は答えます。しかし、逆に、再生を遂げるには、あらためてこの問いに挑まねばなりません。そして、みずからがその回答を出そうと努力をはじめると、さまざまな問題や課

図 1-1-4　生産性の動向　労働生産性の国際比較

- 労働生産性（就業者数ベース）を国際比較すると、日米格差は近年開きつつあり、日本と韓国が接近しつつある。
- サービス産業の労働生産性を国際比較（マクロベースのPPP）すると、先進国の中程度の水準。

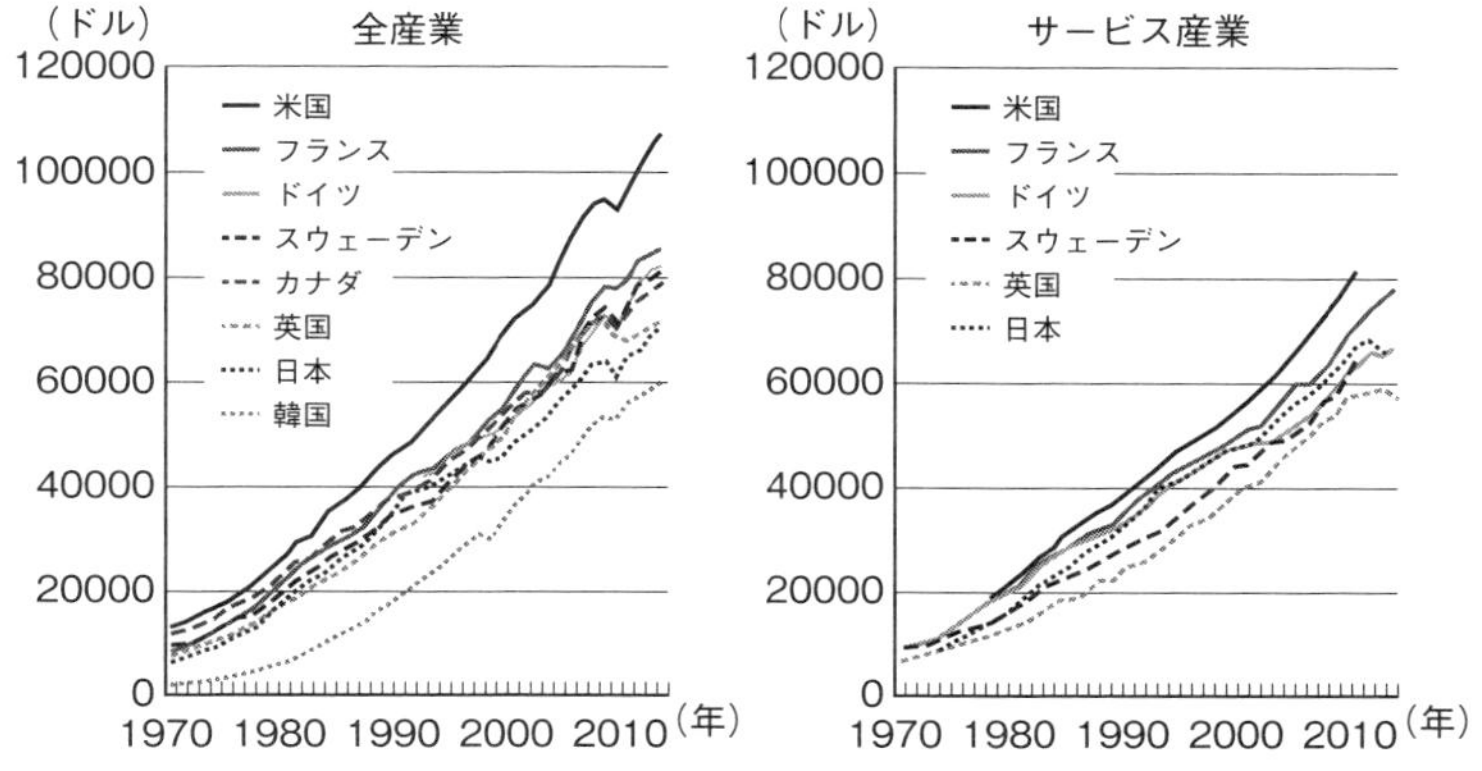

（備考）
1. 左図はOECD“Economic Outlook94”、“Purchasing Power Parities Statistics”等、右図はEU KLEMSデータベースによる。
2. いずれも各年基準購買力平価（マクロベース）で換算した名目GDP（ドルベース）を就業者数で除した生産性。

（出所）　内閣府経済諮問会議 2014年4月資料、5頁（http://www5.cao.go.jp/keizai-shimon/kaigi/special/future/wg1/0418/shiryou_01.pdf）。

題がうかびあがってみえてきます。そうして、「なるほど、こういうことだったのか」と気づきがあります。真の再生は、このようなプロセスが不可欠です。これを手抜きして、ただ資金を用意しても、また苦境に陥ってしまいます。問題の根幹がわからないまま放置されるからです。何度も破綻を繰り返す企業は、もともと魅力がある資源を持っています。だからスポンサーという名の投資家がつくのですが、その魅力をさらに高める価値がなにかに気づこうとしません。「そんなことをかんがえても食えない」とおもいこんでいます。そして、資金が尽きるのです。

　これは、破綻する企業だけの問題ではありません。健全な企業にも、おおくのヒントをあたえてくれる問いになります。もっといえば、健全なときにこそ取り組む価値がある問いであるといえます。それが、安定経営のもとになるからです。

（注1）公益財団法人日本生産性本部『日本の生産性の動向2013年版』図3－3　OECD加盟諸国の労働生産性（2012年／34カ国比較）(http://www.jpc-net.jp/annual_trend/)。

（注2）前掲、日本生産性本部、図3－8　OECD加盟諸国の時間当たり労働生産性（2012年／34カ国比較）。

（注3）前掲、日本生産性本部、図3－19　製造業の名目労働生産性水準（2011年／OECD加盟国）。

（注4）前掲、日本生産性本部、表3－2　製造業の労働生産性水準上位10カ国の変遷。

（注5）経済産業省編（2007）「サービス産業におけるイノベーションと生産性向上に向けて　報告書」サービス産業のイノベーションと生産性に関する研究会　経済産業省商務情報政策局、6頁。

（注6）前掲、経済産業省編（2007）、22頁。

（注7）サービス産業生産性協議会編（2009）『サービス・イノベーション』（サービス産業の生産性向上の実現のために）平成20年度活動報告書、生産性出版、4頁。

（注8）内閣府経済諮問会議2014年4月資料、5頁、3．生産性の動向②労働生産性の国際比較（http://www5.cao.go.jp/

keizai-shimon/kaigi/special/future/wg1/0418/shiryou_01.pdf)。

1-2　メーカーの世界

やっぱり日本は、ものづくりの国だ、ともいいたくなるのですが、ここでサービス業従事者が気づかないメーカーの仕事の厳しさにも注目しておきましょう。

たとえば、家電量販店で日本メーカーの冷蔵庫を購入したとします。あろうことか、半年後に調子が悪くなったら、あなたはどうしますか？

購入した家電量販店に連絡しますね。もしかしたら、量販店が提供する有料保証システムにも加入してメーカー保証期間後も安心を買っているひともいるでしょう。いずれにしても、技術者が訪問してきて、故障箇所の特定をします。そっくり交換になるかもしれません。多くのばあいは、これでトラブルは解消されます。ここまでが、わたしたち消費者が経験するできごとです。それでは、家電量販店側からメーカー側という消費者からみた向こう側はどんなことになるのでしょう？

量販店の力は、その販売力と比例してメーカーを圧倒しています。購入したお客様に迷惑をかけたというのは、量販店でもメーカーでも同じなのですが、量販店はお客様と対面していますから、メーカーには強い態度になります。昔ながらであれば、メーカーが「始末書」を書いて販売店にわびを入れることで向こう側の世界でも一件落着となりました。いまはそうはいきません。

ここで皆さんご存じのバーコードが活躍します。

製品番号から、その冷蔵庫が何年何月何日何時何分何秒、に完成したかがわかります。完成がわかるだけではなく、通過した工程ごとにわかります。また、交換を要した部品とその製造年月日から、どの部品メーカーからの納品だったかもわかります。同じ部品でも、価格競争をうながすために、仕入れメーカーが複数の場合がありますもし、部品の不良なら、この部品メーカーに対しての連絡と、この部品の同じロットでの不良が別に発生していないかを調べます。深刻な不良の場合は、販売したすべてに回収修理という指示になります。一方、工場内での組み立て工程の問題だったかも調査対象になります。いまは、製造工程ごとに担当者の登録をしますから、その部品を扱う組み立て工程が誰の担当だったかもわかります。もし、ある期間に複数回のトラブルが同じ担当者から出るようだと、そのひとのボーナスに影響します。当然、教育訓練の受講を命じられる場合もあります。

以上のように、メーカーでは遡及して調べるしくみも組み込まれて製品として販売されています。これは品質管理をする上でひじょうに重要なことです。それぞれの工程で、決められた基準を満たす作業ができないと、現代の複雑な製品は商品にならないからです。ここで重要なことは、「製品」＝「商品」ではないということです。「商品」には、保証サービスや保守といった、いわゆるアフターサービスも含まれているからです。

サービス業でみたとき、以上のようなしくみをコンビニエンス・ストアでみることができます。日本には世界的サービス業がないと書きましたが、日本のコンビニ業界が世界を目指しているのはご承知のとおりです。

コンビニ業界は、基本的にナショナルブランドを扱っていますから、どの系列のコンビニでも、ほとんど同じ商品群になります。そこで、系列独自の色をだすために考えられたのがお弁当でした。もちろん、おでんや揚げ物もあります。これらの商品が、その系列の宣伝対象になるのです。いまではコンビニ系列のＰＢ（プライベートブランド）も戦線に加わっています。

ここでは、お弁当を例にしましょう。そもそもコンビニは、店内のほかに倉庫スペースがほとんどありません。そこで、配送を日に何回もおこなうことで倉庫のない不利をおぎなうばかりか、レジの情報を瞬時にセンターに送信することで、店内の在庫管理もセンターで把握できるようになっています。レジでは、店のスタッフが性別と年齢層を入力することで、何年何月何日何時何分何秒に、何歳ぐらいの男性か女性が購入したと記録しています。このほかに、天気や気温、湿度も、自動的に記録されます。

さて、もし販売したお弁当に不具合があったらどうでしょうか？

コンビニのレジには、緊急を告げるスイッチがあります。これを押すと、ただちに配送センターに通報され、対象のお弁当をつくったメーカーの商品がすべて回収モードになります。最小回収範囲は同一配送地域ですが、同一工場からの出荷品が複数の、どの配送地域にあるかも商品登録情報からわかりますから、対象地域の店舗には、すぐに回収指示がでます。そして、店舗側は回収行動をとるのですが、もし入れ違いにお客様の買い物かごにあっても、レジで別の商品を選ぶようにご案内することで回収対象商品を販売することはありません。

この個別商品管理の徹底と迅速性、そして安全性が、コンビニエンス・ストア・サービスの核心です。個人商店がなかなか太刀打ちできないサービス分野です。

製品とサービスをかんがえるとき、コピー機もわかりやすい事例のひとつです。

コピー機そのものは「製品」です。しかし、専用トナーの交換や、機器の清掃といったメンテナンス・サービスに加えて、コピー用紙の供給なども含めて、コピー1枚いくらの契約になりますから、この契約が「商品」になります。そして、コピーメーカーの収益の多くは、メンテナンス・サービスと消耗品から得られるので、製造業なのかサービス業なのかというと、かなりサービス業に重心がかかるでしょう。以前からサービスマンは、メンテナンス時にコピー枚数の詳細や、トナーの減り具合など、おおくのデータも収集し、対象企業への次期製品の営業に必要な情報を得ていました。いまでは、ネットを通じてリアルタイムになっています。

このようにかんがえると、メーカーは「製造業」であるという定義がすでに古くさいものになってきているのがわかります。もっといえば、メーカーは、その必要によってサービス業の分野に入り込まざるを得ない状況になっているといってよいでしょう。

その典型例はコマツです。建設機器メーカーとしての世界的企業です。コマツのすごさは、すべての機器に情報発信機能を持たせたことです。エンジンが作動している時間、その機器の作動状況、燃料の残量までを、衛星通信を経て自動収集しています。異常があれば顧客からの連絡前に保守要員を派遣したり、地域での稼働データからその地域における建設需要の実態までも把握しています。つまり、クレーンが何回つり上げ作業を行ったかなどの情報などを把握しているということです。この機械の稼働把握が需要把握に変化することによって、従来ではありえない速度と正確さで新規製造計画や製品や部品の在庫管理をしています。これはもはや、情報産業といってよいかと思います。

以上のように、製造業の生産性の高さと、従来のサービス業のそれとを比較したばあい、製造業が情報産業へ進化していることに注目すると、従来型のサービス業の方はかなりあやしい状況にとどまっているように見えてしまいます。そして、コンビニエンス・ストアのような先端のサービス業も、情報産業へと進化していることがうかがえます。

超辛口コラム1　手厚いチェックイン？　区別化のすすめ

「チェックイン」という手続きをどうかんがえるのか？　あるいは、どうかんがえたことがあるのか？　ということ、業績の芳しくない宿で深く追求した形跡をみない。以下の質問項目について、回答をメモ書きしてみてほしい。

・なぜチェックインが必要なのか？
・なぜお客様に名前や住所、電話番号、職業などを書かせなくてはいけないのか？
・なぜ支払のタイミングがチェックアウトになるのか？

残念なこたえは、そんなものあたりまえだからかんがえる必要がない、であろう。優等生のこたえは想像がつく。旅館業法のさだめによる、と。

では、なぜ旅館業法は、このようなさだめをしたのか？

その旅館業法がさだめている範囲はどこまでか？

というように追求すると、いきなりわからなくなる。旅館業法を読んでみたか？　法だけはなく、施行令や施行規則を読んでみたか？

むかし、「観光小六法」という業界人必携の書籍が日本観光協会からでていたが、平成5年版を最後にみかけなくなった。最近、平成21年になって「旅行業実務六法」が観光庁の監修で東京法令出版からでた。最新は平成25年版もあるから、ぜひチェックしたい。

意外とチェックインには自由度がある。宿帳（レジストレーション・カード）も、とっくに電子化が許されている。電子サインをもらえば、館内の伝票が電子化できる。

また、お客様がクレジットカード決済を選ばれるなら、エクスプレス・チェック・アウトという方法にすればチェックアウトの手続きが必要なくなる。客室の鍵が電子キーなら連動できる。うごかない宿でできない。

最近では、列車の車内販売も電子決済できる。うごく電車でできることが、うごかない宿でできない。

到着時に、よくある自称高級旅館などでは「ウェルカム・ドリンク」と称して、ロビーで特別な飲み物の提供を受けたりする。さらに、夕食の時間や内容の「確認」という名目の実際は「予約」手続きや、浴衣のチョイスなどが追加されると、到着から自室にはいるまでに20分から30分を要することもある。

じつにかったるい、と利用客は心の中でおもっているが、女将は胸を張って従業員に「おもてなしの心で対応しなさい」とくり返していることがある。

外国の高級ホテルでは、空港からホテルが直営しているハイヤーを利用してくれるひとと、タクシーや電車・バスを利用して到着するお客様を分けている。差別ではない。区別である。

ホテルのハイヤーは、空港出発時とホテル到着前に、ハンズフリーの携帯電話でフロントに状況を伝えている。すると、フロント担当者が玄関でお出迎えができるのだ。すぐに誰かを特定できないタクシーや電車・バスでやってくるお客様とは「情報量」と「情報のタイミング」が決定的にちがう。このちがいがさらに大きなちがいを産む。

お出迎えを受けたお客様は、フロントカウンターをスルーして、すぐに客室へ案内される。そして、ライティングデスクの椅子に座ると、おもむろにチェックインの手続きがはじまるのである。荷物はベルボーイがあとから届けてくれる。そして、テーブルには好みの飲み物がセットされるのである。だから、だれもいなくなった部屋で、そっと一服できるのである。

そうではないお客様は、フロントカウンターの前に行列をつくって並ばされ、自分の名前を告げてからチェックインする。荷物や飲み物があとからやってくるのはおなじだが、サービスの連続性がことなるので、どうしても断片的になる。荷物が届いたとおもったら、しばらくして飲み物がやってくるのだ。

このちがいをもとめるひとはハイヤーを予約するし、そこまでの価値を認めないひとはタクシーや電車・バスをつかう。お客様はハイヤーの贅沢だけを買っているのではない、とホテルは知っている。つまり、お客様がサービスのちがいを選んでいるのだから、ホテルは「差別」しているのではなくて「区別」しているのである。

　こうした行動をとるお客様は、サービスの質について敏感である。自分の価値観にみあうとかんがえる期待度のサービスは積極的に買うが、そうでないと判断したら二度と見向きもしない。情報があふれる現代、お客様側の選択肢は驚くほど広いのだ。

　不振の宿は「サービスの質」に関する感性が、漫然として「昭和」のままなのである。自分たちの生活感を基準にしてはならない。

1-3　厳しい現実

　前節までは、「おもてなしの国」からメーカーの世界を概観してきました。そこで、あらためて、「サービス業」とはなにか?(注9)　をみてみたいとおもいます。

　表1-3-1主要各国の自由化約束状況は、WTO（World Trade Organization：世界貿易機関）加盟国が、「サービス協定」によって各国が自由化の約束を行う分野と自由化の内容を記載した状況の一覧をあらわしています。この表下段の（注）にあるように、WTO事務局はすべてのサービス業を155業種に分類しています。

　つまり、世界の実務では、「サービス業」という巨大なくくりではなく、もっと小さな「業」に分類されています。また、政府の「日本標準産業分類」(注10)もぜひご覧ください。自分たちの位置づけがわかります。たとえば、宿泊業は大分類が「M」、中分類「75」、旅館、ホテルは「751」になっています。

表 1-3-1　主要各国の自由化約束状況

サービスセクター分類		米国	中国	EU	カナダ	韓国	台湾	シンガポール	マレーシア	インドネシア	タイ	豪州	フィリピン	インド	日本
1. 実務サービス	A. 自由職業	○	○	○	○	○	○	○	○	○	○	○		○	○
	B. コンピュータ関連	○	○	○	○	○	○	○	○	○	○	○		○	○
	C. 研究開発			○	○	○			○	○		○		○	○
	D. 不動産	○	○	○	○		○					○			○
	E. レンタル/リース	○		○	○	○	○		○		○	○	○		○
	F. その他	○	○	○	○	○	○	○	○	○	○	○		○	○
2. 通信サービス	A. 郵便														
	B. クーリエ	○	○		○		○						○		
	C. 電気通信	○	○	○	○	○	○	○	○	○	○	○	○	○	○
	D. 音響映像	○				○	○	○	○		○			○	○
	E. その他														
3. 建設・エンジニアリング・サービス	A. ビル建築	○	○	○	○	○		○	○	○	○	○			○
	B. 土木建設	○	○	○	○	○		○	○	○	○	○		○	○
	C. 設置、組立	○	○	○	○	○		○	○	○	○	○			○
	D. 仕上作業	○	○	○	○	○	○	○	○			○			○
	E. その他	○	○	○	○	○	○	○	○	○					○
4. 流通サービス	A. 問屋	○	○	○	○	○					○	○			○
	B. 卸売	○	○	○	○	○						○			○
	C. 小売	○	○	○	○	○	○					○			○
	D. フランチャイズ	○	○	○	○	○						○			○
	E. その他				○										
5. 教育サービス	A. 初等教育		○	○							○				○
	B. 中等教育		○	○								○			○
	C. 高等教育		○	○								○			○
	D. 成人教育	○	○	○							○				○
	E. その他	○	○									○			
6. 環境サービス	A. 汚水処理	○	○	○	○	○					○	○			○
	B. 廃棄物処理	○	○	○	○	○					○	○			○
	C. 公衆衛生	○		○	○						○	○			○
	D. その他	○	○	○	○	○					○				○
7. 金融サービス	A. 保険関連	○	○	○	○	○	○	○	○	○	○	○	○	○	○
	B. 銀行及びその他金融	○	○	○	○	○	○	○	○	○	○	○	○	○	○
	C. その他														
8. 健康関連・社会事業サービス	A. 病院	○		○					○					○	○
	B. 人間健康関連											○			
	C. 社会事業			○											
	D. その他														
9. 観光・旅行関連サービス	A. ホテル・飲食苫	○	○	○	○	○	○	○	○	○	○	○	○	○	○
	B. 旅行業	○	○	○	○	○	○	○	○	○	○	○	○	○	○
	C. 旅行ガイド	○		○		○		○				○			○
	D. その他	○									○				
10. 娯楽、文化、スポーツサービス	A. 興行	○		○					○						○
	B. 通信社	○		○								○			○
	C. 図書館、博物館等	○					○	○							○
	D. スポーツ等	○	○	○					○		○	○			○
	E. その他											○			
11. 運送サービス	A. 海上運送		○	○		○	○	○	○	○	○	○	○		○
	B. 内陸水運		○	○		○	○		○						○
	C. 航空運送	○	○	○	○	○					○	○	○		○
	D. 宇宙運送														
	E. 鉄道運送	○	○	○	○						○		○		○
	F. 道路輸送	○	○	○	○	○					○	○	○		○
	G. パイプライン輸送			○								○			○
	H. 運送補助		○	○	○	○	○				○	○	○		○
	I. その他			○		○									○
12. その他のサービス									○						

（注）○印は、何らかの自由化約束が行われているセクターを示す。ただし、○印を付したセクターにおいても、セクターの一部についてのみ自由化約束をしている場合や、内国民待遇に反する措置や市場参入を制限する措置を留保している場合があり、本表は直接的に自由化の程度を示すものではない。なお、WTO 事務局分類は、上記分野より更に詳しく、すべてのサービス業を 155 業種に分類している。

（出所）経済産業省 2014 年版不公正貿易報告書、図表Ⅱ-12-3（http://www.meti.go.jp/committee/summary/0004532/pdf/2014_02_12.pdf）。

このような分類が必要なのは、各種統計をみるときや、貿易協定の基準になるからです。しかし、それだけでなく、表1-3-1をよくみると、「観光・旅行関連サービス」にわたしたちがいるのですが、これで「業」になっているのではなく、他のセクターとのつながりがなければ成り立ちません。

さて、いきなり「WTO」とか「貿易協定」といっても何のことか？という疑問があろうかとおもいます。わかりやすい例に、国際観光ホテル整備法の第一条があります。

「(目的) この法律は、ホテルその他の外客宿泊施設について登録制度を実施するとともに、これらの施設の整備を図り、あわせて外客に対する登録ホテル等に関する情報の提供を促進する等の措置を講ずることにより、外客に対する接遇を充実し、もつて国際観光の振興に寄与することを目的とする。」

ここで、「外客」がキーワードです。つまり、外国人のお客様をお迎えする「業」とかんがえますと、直接的には、「外貨獲得」になります。この法律ができたのは、昭和24年12月ですから、わが国は占領下にあって、喉から手が出るほど外貨が欲しいという状況がよくわかります。

一般に外貨を獲得するには、製品をつくって、これを輸出する方法がかんがえられます。つまり、ホテルや旅館に、「外国人が宿泊する」というのは、「輸出」とおなじ意味になります。外国人観光客がつかうお金は、見ためが「円」であっても、両替窓口でドルなどの外貨から円に換金していますから、日本国内で消費したものは輸出とおなじです。

ところで、「グローバル化」という言葉もよく聞きます。いったい何がこれまでとちがうのでしょうか？じつは、産業活動つまり、さまざまな企業のビジネスが、国境をこえて、「フラグメンテーション」とよばれる生産工程（プロセス）の細分化がすすんでいるのです。いわゆる、サプライチェーンのどこに位置しているのかという認識をもつことが必要になってきています。たとえば、カルフォルニアに住んでいる小学生が、ニューデリーに住んでいる大学生に家庭教師をしてもらうとか、ロンドンの中小企業が、スリランカの会計士に決算を依頼するとか、部品や物資の調達についても、従来ではかんがえられないきめ細かさでの取引になっています。それは、「オフショアリング」とよばれる国境を越えた企業とのつながりです。しかし、このような活動を、日本の「業界」にいるわたしたちはあまり意識していません。むしろ、世界の状況から隔絶された時空に生きているようです。これはいったいどういうことなのでしょうか？(注11) どうやら、「日本語の壁」がおおきな原因のようです。「ガラパゴス化」は、携帯電話だけではないのではないか？ということもふまえて、話をつづけます。

図 1-3-1　宿泊業の市場規模の推移

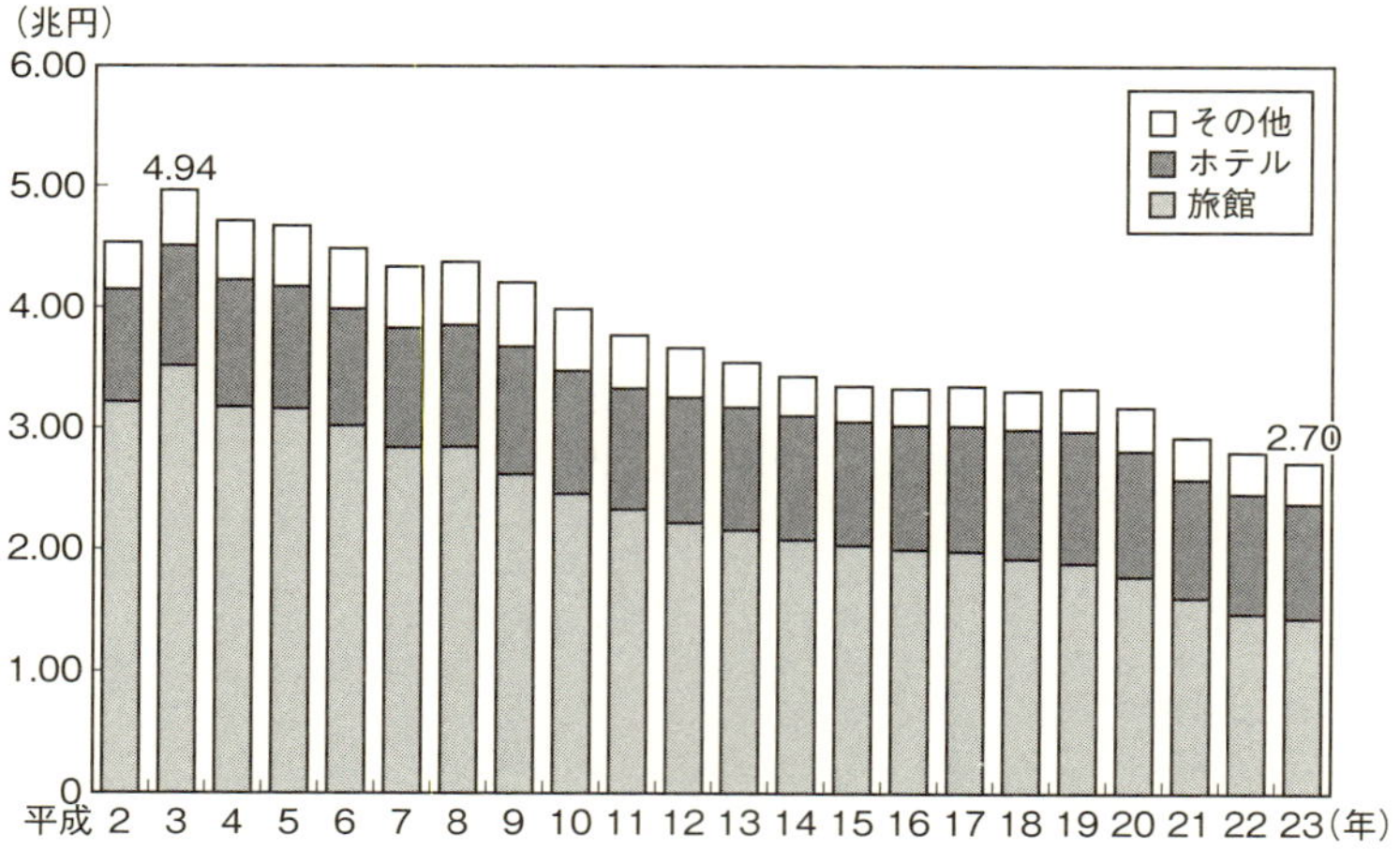

(注)　レジャー白書 2012（公益財団法人日本生産性本部編）に基づき観光庁作成。
(出所)　観光白書平成 25 年度版、74 頁。

この国の宿がこの十年で何軒廃業したかを示したところで実はあまり意味があることではありません。それぞれにグレードやカテゴリーと呼ばれる業態があるからです。また、規模によっても、後継者不在のために事業継承を断念したという理由もかんがえられますから、いちがいにきめつけるのは避けたいところです。

しかし、長いトンネルに入ったまま、なかなか出口がみえない状態にあることも確かでしょう。こうしたことを理解したうえで、す

表 1-3-2　主な生活衛生関係施設数，年次別

(単位：施設)　　　　(各年(度)末現在)

	ホテル営業	旅館営業	一般公衆浴場	理容所	美容所	クリーニング所(取次所を除く)	取次所
平成元年	4970	77269	12228	144522	185452	53980	101806
2 年	5374	75952	11725	144214	186506	53477	101385
3 年	5837	74889	11234	143524	187277	52315	101705
4 年	6231	73899	10783	143045	188582	51669	102141
5 年	6633	73033	10388	142619	189975	51229	104839
6 年	6923	72325	10112	142715	192111	50699	109117
7 年	7174	71556	9741	142544	193918	49954	111907
8 年	7412	70393	9461	142718	196512	49563	113991
9 年度	7769	68982	9020	142809	198889	49215	115010
10 年度	7944	67891	8790	142786	201379	48103	115896
11 年度	8110	66766	8422	141321	200682	47324	115703
12 年度	8220	64831	8117	140911	202434	46595	115752
13 年度	8363	63388	7851	140599	205204	45848	113953
14 年度	8518	61583	7516	140374	208311	44505	112607
15 年度	8686	59754	7324	140130	210795	44041	111068
16 年度	8811	58003	7130	139548	213313	42664	108089
17 年度	8990	55567	6653	138855	215719	41998	105134
18 年度	9180	54107	6326	137292	217769	40638	103061
19 年度	9442	52295	6009	136768	219573	39632	101191
20 年度	9603	50846	5722	135615	221394	38165	98586
21 年度	9688	48966	5494	134552	223645	37393	95805
22 年度[1)]	9710	46906	5449	130755	223277	35330	90825
23 年度	9863	46196	5189	131687	228429	34767	87386
24 年度	9796	44744	4804	130210	231134	33106	83274

(注)　1. 平成 8 年までは、暦年の数値である。
　　　2. 平成 22 年度は、東日本大震災の影響により、宮城県のうち仙台市以外の市町村、福島県の相双保健福祉事務所管轄内の市町村が含まれていない。

(出所)　厚生労働省、平成 24 年度衛生行政報告例統計表 2（http://www.mhlw.go.jp/toukei/saikin/hw/eisei_houkoku/12/dl/toukei.pdf）。

こし数字をみてみましょう。

１９９７年に6万９０００軒あった旅館の数は、２０１２年には4万５０００軒と、毎年１０００軒という規模で減り続けております（表１－３－２）(注12)。日本旅館のおおかたの実態は、ブームなどという甘いものではなく、冬の時代が続いております。これを金額面で調べたものが観光白書平成25年版にあります(図１－３－１)(注13)。では、ホテルはどうかといいますと、同じ時期の１９９７年に７８００軒あり、２０１２年には９８００軒と増えております。日本旅館が減り、ホテルが増えるという姿が続いています(表１－３－２)(注14)。

業界をあげて値下げ競争をし、体力勝負の状態にあることはあきらかですが、いまだ勝者がみえてきません。全体で沈んでいる、というのが実態でしょう。

もはや宿泊業は「構造不況業種」と呼んでもいいのではないかと思えます。

それは、政府の資料でもあきらかです。

２００５年には、宿泊業の営業許認可を管轄する厚生労働省が、「旅館業の振興指針」(注15)を発表しております。この指針では、旅館の経営について大変耳の痛い指摘をしています。重要ですので少し引用してみましょう。

「旅館業を取り巻く環境

旅館業は、国民に健全で、快適な宿泊サービスを提供することにより、国民生活の充実に大いに寄与してきたところである。しかし、国内旅行の主流は、団体旅行から個人旅行や少人数のグループ旅行に移りつつあり、エコツーリズム等旅行形態の個性化も進みつつある。このことを反映するかのように、低価格を売りに高稼働率を維持する宿泊特化型のホテルがある一方、数か月も前に予約が満杯となる高価格を設定した高級小規模旅館や外資系チェーンの高級都市型ホテルの開業が続くなど、利用者層の二極化が進む中で、施設及び設備の老朽化、サービスの質の低下、経営改善の遅れ等により、利用者の要望に十分対応できない体質となり、さらには、景気の低迷等社会的環境の変化を読み切れず（傍点筆者）、大型旅館や老舗旅館の廃業が加速している。」

要は、経営がなっていないと指摘しているのです。

ここにきて、政府の成長戦略に観光が含められています。これは、「産業構造ビジョン２０１０（注16）」で、今後の戦略分野として、インフラ関連／システム輸出、環境・エネルギー課題解決産業、文化産業立国、医療・介護・健康・子育てサービス、先端分野の五つを挙げたものです。

しかし、観光白書平成25年版（２０１３）でも厚生労働省と同様の指摘がありますので、こちらも少し長いですが引用してみましょう（注17）。

「宿泊産業におけるマネジメント・生産性の改善・向上

わが国の宿泊産業においては、マネジメントや生産性に関する意識が十分でないまま旅館等を経営している例がまま見られる。このため、前近代的な経営から脱却し、適確な財務・労務の管理等による科学的な企業経営を普及させていくことが喫緊の課題となっている。具体的には、（中略）中小旅館でも導入可能な簡便な管理会計システムを構築することが求められている。（中略）また、人口減少時代の到来等により国内需要の大幅な増加が見込めない中、事業拡大の意欲ある宿泊業者には、新たな収益源として、また、特に旅館にあっては、日本文化の発信やインバウンド誘客の拠点として、海外への積極的展開を目指すことが期待されている。（中略）わが国の宿泊業については、旅館をはじめ伝統的に所有と経営を一体で行うことが通例とされてきたが、経営の効率化を図るためには、所有と経営の分離を図り、経営のノウハウを有する者に経営を委託することや複数の施設の協業化・グループ化によるコスト削減等、新たな経営スタイルの導入・促進を図っていくことが必要となっている。」

なかなか厳しい指摘で、所有と経営の分離をするようにまで踏み込んでいることは、まさに強い危機感です。一方、現状の旅館経営者にとっては辛い話です。経営者失格の烙印を押されているのですから、なんとかしなければなりません。

このように、厚生労働省と国土交通省の管轄の観光庁という複数の役所が、旅館の経営方法について厳しく改めるべきだという提言をしております。そして、経済産業省が成長戦略に観光を入れていますから、3つの役所がからんでいる形になっています。

これらからすると、実は「おもてなし」の国なのに、世界的ホテルチェーンが存在しない理由は、どうやら「経営力の差か？」という仮説が生まれます。

専門家の先生が集まって議論した結果ですから、国の指摘は間違っていないと思われます。しかし、残念ながら、これらの指摘もむなしく、先に述べましたように旅館の廃業が続いているありさまです。厚生労働省の指摘が2005年で、観光白書が2013年の指摘であることをかんがえると、この8年間、改善がなかったということにもなります。

このような事態になっている理由も、もう明らかかでしょう。それは実務でどうしたらよいかわからない、という問題があるからです。

わたしがかかわった事例のすべてでいえることです。これは当然でもありまして、どうすればいいのかがわかっていればわたしの出番もありませんし、窮乏することもないでしょう。

こうした状態を、外からみますと、経営者が昔ながらのやり方にしがみついているようにみえます。しかし、内側の実態はそうではなく、的確なやり方がわからない、というのが本当のところではないでしょうか？

また、同業の横並びで、その地域全体で落ち込んでいるようにみえますから、自分の家だけが苦しいのではない、といった不思議な安心感が生まれたりもします。そして、地域の行政に対して、非常に強い期待をする心理も生まれます。こうなりますと、強く大きな期待が逆転して、行政を悪者にすることで自家の事業の悪化にかかわる言い訳に変化する傾向も生まれます。たとえば、街並みについての公共事業の不足や、地域観光情報の内容や発信手段の貧弱さなどについて、役所が予算をつけないからさびれてしまうのだという論理です。確かにそういう問題もあるのですが、一番重要な、自家の経営改善をどうするのか？という絶対値的な問題解決が後回しになってしまうことで、より深刻な状況をつくっているということを忘れてしまうことがあるのです。

これは重要です。意識しないと気づきませんが、最も大切な経営資源であって、どんなにお金を積んでも取り返しのつかない「時間」が失われるからです。さらに、深刻な事態は、勝手な思い込みによる「おもてなし」を開発し、それをお客様に押しつけることで、あろうことかお客様から嫌われる努力をしてしまうことがあります。

「経営資源」というと、ひと、もの、かね、情報の4つを挙げるのが教科書的ですが、Time is Money（タイムイズマネー＝時は金なり）というように、時間が忘れられがちです。とくに、困窮化してしまった場合、金利だけでも毎月の返済がありますから、時間の概念はなによりも重要です。

ここで「嫌われる努力」というと変ないい方かもしれません。もちろん、よい接客、よいサービスをしなければならない、という気持ちは誰も否定しませんが、相手であるお客様の立場を忘れると、提供者の独りよがりなサービスを思いついて、実行してしまうことがあります。これをわたしは「嫌われる努力」と呼んでいます。そして、そのサービスはたいていの場合、足し算的なものになっています。いまのやり方を根本からみなおすことからかんがえ直したのではなく、とにかくいまのやり方に加えてなにかをすることです。これをいくつかすると、従業員の負担だけが増えて、結局、お客様を待たせてしまったり、単価が上がるわけではないので単純に過剰サービスになってしまう傾向があるので注意が必要です。

たとえば、客数の減少という事態で疑わなければならないのは、ひょっとしてお客様から嫌われる努力をしていないか？と考えることです。つまり、オペレーションの手順のなかに、お客様にちぐはぐな対応を繰り返すようなことはないか？とか、サービスにばらつきはないか？といったチェックをすることなのです。しかし、このような発想をする経営者は少ないようです。一般的には、広告宣伝を活発にしたり、集客キャンペーンを打つなどの施策を採用していると思います。キャンペーンなどの施策をして、一時的に集客できても、しばらくするとキャンペーン以前よりも客数が減っているなどということが散見されます。いわゆるキャンペーンとは力技で集客をする施策なのですが、結果が思わしくないばあい、その反省として嫌われる努力の結果ではないかという疑問を持つことは、基本的で重要なことになります。

つまり、客数減少のおもな理由でかんがえられることは、オペレーションのなかに埋まっていることが多いということです。

岡目八目とはよくいったもので、毎日やっていることを客観的に自己評価することは、意外に難しいもので、他人にチェックしてもらうという方法もあります。

しかし、他人に依頼する前に、つぎの2点をよくかんがえておきましょう。

・宿のコンセプトが確定しているか？　曖昧か？

・ターゲット顧客が確定しているか？　曖昧か？

この2点が確定していれば、ほぼ困窮化という事態にはならないとかんがえられます。それは、この2点をセットでかんがえる必要があるからです。ターゲットが確定しないコンセプトはありえませんし、その逆もありません。ですから、問題なのは、コンセプトもターゲット顧客の設定もないまま、だれでもどうぞ、という状態での営業をずっと続けていることです。このような状態で、他人によるチェックにお金をかけても、大きな成果は期待できません。やらないよりはましですが、多くのばあい、小手先の問題点だけが指摘されるのが関の山です。

成熟化社会になって、顧客側の価値観はとっくに多様化しています。物資が乏しい時代のビジネス・モデルを続けていても将来はない、というのが厳しい現実がつきつける問題です。経済白書は１９６０年に「もはや戦後ではない」と書きましたが、日本が先進国並みになるのは、70年代からでしょう。80年代の絶頂からすれば、すでに30年以上前に「多様化」してしまっているのです。

１９９２年のバブル経済の崩壊から、すでに3度ほども破綻している宿もあります。繰り返し破綻してしまった理由は、オーナーが代わってもビジネス・モデルが変わらなかったからと思われます。このような宿は、一種ゾンビ化してしまっています。ゾンビ化とは、徹底した売上至上主義のはてに、単価を下げる営業政策で集客をめざすビジネス・モデルです。ここで重要なのは、売上であって利益ではないのです。もっといえば、キャッシュ・フローがマイナスにならなければなんでもあり、ということです。このような宿が地域に数軒あると、健全な宿もやがてはゾンビ化するおそれがあります。それを防ぐのが、ターゲットとコンセプトの確定になります。

ここで気をつけなければならないのは、近年急成長している温泉旅館チェーンと、上記事例はことなるという点です。低単価で高稼働までは一緒なのですが、利益を重視しているのです。つまり、低単価、高稼働という条件のなかで、しっかり儲かるしくみを導入し、それを実施している点でゾンビとは決定的にことなります。

単純化すれば、自分の宿のビジネス・モデルはどのようなものかをしっかり意識する必要が30年前から起きているということです。そして、このことの出来不出来が、現状における明暗を分けているといっても過言ではないのです。

上記を補助するものとして、観光白書でも指摘がある管理会計は、「薄利多売」をどう考えるか？ のヒントになるものです。言葉で「薄利多売」というのは簡単ですが、実務で「薄利多売」を把握することはたいへん難易度が高いことです。だいたいこのくらいだから、ギリギリこの値段で売ろう、というのは「薄利多売」ではありません。

そもそも「薄利」をかんがえると、その商品を1つ売ったときの利益がいくらになるのかの具体的数字の把握は基本中の基本です。しかし、おおくの宿の場合、この計算ができません。その理由の1つに、経理を税理士先生にまかせきりにしていることがあげられます。

税理士は立派な職業で、しっかりと勉強したひとしか合格しないしくみになっていますから、ここで税理士を問題にしているのではありません。どうぞ、誤解のないようにお願いいたします。

わたしがいいたいのは、税理士先生の第一の仕事は税務であるということです。すなわち、税金の計算であります。つぎに、決算をまかせている場合も、税法と会社法に則って書類を作成してくれます。

さて、ここで重要なことは、わたしたちは1部屋売るといくら儲かるのか？を知りたいのですが、これを知るためには、税法や会社法で決められた計算ではわからないということなのです。

一般的に、宿の場合は商業簿記を採用しています。商業簿記には、原価計算の概念がありません。「原価」は「仕入れ値」としては記入しますから、いくらで仕入れた商品をいくらで売ったから、いくらの儲け、というかんがえ方です。これが、税法や会社法でも適用されます。料飲原価があるとか、土産物の売店原価があるから原価計算をしている、ということではありません。それは「仕入れ値」のことです。ここでいう原価計算とは「製造原価」のことです。たとえば、工場の現場で働く、いわゆるブルーカラーの人々は「労務費」として原価にはいりますし、同じ工場でも、事務所で働く、いわゆるホワイトカラーの人々は「人件費」として一般管理費に計上されます。宿の厨房スタッフを「労務費」にあてているところはまずありません。商業簿記ではやってはいけないからです。

そこで、観光白書のいう管理会計の登場です。これは、その会社の独自ルールでよい会計です。なぜなら、税理士先生や会計士先生が税務や会社決算をしてくれるのですから、それ以外のものは自由だからです。では、だれが担当するのか？というもう一つの問題がでてきます。

従来のやり方を冷静にかんがえてみましょう。

「経理」を税理士にまかせているのに、事務所には経理担当者がたいていいます。このひとは、税理士先生からの指示で、さまざまな伝票類を集計したりしています。すると、会社としては、税金を計算するために、税務顧問料と自社内で担当者を雇用しているのですから、それはおそろしく高額な納税コストになっているのです。ということは、経営としてかんがえると、社内の「経理」担当者には、しっかり経営の理屈である、「経理」業務を中心にしたいものです。もちろん、この「経理」とは管理会計のことです。管理会計について、平成26年3月に観光庁が「旅館経営管理マニュアル」を作成しました。ぜひご参考にしてください(注18)。

さて、会社のどんな数字が欲しいか？ それがどのタイミングで欲しいか？ という問題は、経営者がかんがえなくてはなりません。

「経理は苦手」という経営者が多く、だからこそ税理士にまかせている、ということになっています。しかし、ここまでの説明でおわかりのように、税金の計算や会社決算は専門の「士業」におまかせするのは当然として、経営の理屈である「経理」は経営者として逃げるわけにはいかない分野だということです。以下、この本では特にことわらないかぎり、「経理」と表現したものはすべて経営の理屈としてカッコつきで「経理」とします。

従来通りでは、横並び感覚の中で「値下げ」が感情的に仕方ないということで断行されています。「そうは言っても、近隣が皆値下げしているんだから仕方ないじゃないか」ということです。この蟻地獄のような状態からいかに抜け出すか？

コンセプトの設定やターゲットの特定など、自社ビジネス・モデルをどうかんがえるのか？ そして、そのかんがえをささえるための「経理」をいかに整備するか？

これらが経営力発揮のポイントになります。なかでも、「経理」はひとのからだにたとえれば「内臓」と「脳のなかの記憶」にあたるような部署です。営業力や販売力といったきたえられた「筋肉」があっても、内臓が弱くてはすぐにへこたれてしまいますし、記憶がさだかでないようでは困ります。

さらに、宿事業は「日銭商売」であるという特性をもっています。これはどんなに規模が大きくて高級なホテルでも、そうでなくてもおなじ特性です。ですから、毎日入金する日銭と、毎日出金する日銭の管理こそが、もっとも基本的な「経理」業務になります。ところが、宿泊者からいただく売上金は毎日入金するようなものですが、費用はそのつどではなく、月にまとめて支払うことが普通です。なので、その日どのくらいの費用がかかったのかはだれもわからないことになってしまいます。これをどうするのか？

これは、目に見えませんが、将来確実に発生する支払（キャッシュ・アウト）についてどう把握するのか？ということとおなじ意味になります。入金（キャッシュ・インカム）との差が手元現金なので、「キャッシュ・フロー」を捕捉するということは、利益の捕捉にひとしい行為です。なぜなら、さきほど説明したように、税法や会社法という「法律」によって計算するやり方では、「本当はいくら儲かっているのか」がわからないという重大な問題があるからです。

「えっ？」とおもわれるかもしれません。もし可能なら、税務で用いた青色申告書の決算と株主総会向けの会社決算書類を見比べてください。「利益の額」はおなじでしょうか？

利益の違いが生じる典型的な項目に、交際費などの扱いがあげられます。おなじ期間でも適用される法律によって「利益」が変化します。これは、法律の目的・趣旨によって生まれるものです。ですから、会社経営の立場からすると、残念ながら指標としてはいただけません。なぜなら、法律がかわってしまうと、計算方法もかえる必要がおこるかもしれませんから、なんだか複雑です。そこで、キャッシュ・フローに注目することがもっとも合理的です。

しかも、経営が苦しくなる理由は、キャッシュが少なくなるからなので、ふだんからキャッシュの動きを観察する習慣をもつことで悪いことは1つもありません。

かのドラッカーも、

「あらゆる企業、組織が会計システムに基づいて意志決定を行っている。それがいかようにも操作できる代物であることを承知しつつ、そうしている。会計システムのどの部分が信用でき、どの部分が信用できないかは明らかである。われわれがとうてい歩くべきではない薄氷の上にいることは明らかである。最近、キャッシュフローが重視されるようになったのも、会計学の二年生でさえ損益計算書は化粧できるからである。」(注19)

と、よくよく味わって読むとおそろしいことを書いています。さらに、『すでに起こった未来』という本(注20)では、第三章の見出しが「利益の幻想」となっており、

「企業人はよく、一般の人は経済を知らないとこぼす。もっともである。

自由企業体制に対する最大の脅威は、大声の一部の人の企業への敵意ではなく、自由企業体制の仕組みや機能に対する一般の無知にある。

しかし、一般の人の無知を訴える企業人自身が、同じ無知という罪を犯している。彼ら自身、利益や利益率について初歩的なことを知らない。しかも、彼らが互いに話していることや一般の人に向かって話しているこ

とが、企業の本来とるべき行動を妨げ、一般の理解を妨げている。

なぜならば、利益に関するもっとも基本的な事実は、「そのようなものは存在しない」ということだからである。存在するのは、コストだけなのである。」

なんということでしょう。利益は存在しない？

じつは、ドラッカーは事業年度というかんがえ方、つまり期間損益を否定しているのです。事業は永続的であるという前提にたてば、年度とか期間という区切りは、人為的なもので、企業の実態とはちがうと。その企業を徴税の立場から年度で切り取れば税法上の決算になり、社外の投資家に見せる立場から年度で切り取れば会社決算になってしまうからです。そして、このように変幻自在にいかようにも姿を変えることのできる期間損益を、経営目標に据えることの本末転倒をなげいていています。

「ある経理畑出身の社長がいみじくもいっていたように、「事業年度という暴君」から自らを解放しないかぎり、合理的な事業のマネジメントは行えない。[注21]」

結局、収益性という1点にしぼれば、キャッシュ・フローにいきつくのです。コストをまかなってなお残るキャッシュ（現金）こそが、企業を存続させる唯一のエネルギー源だからです。

だから将来いくらのキャッシュを産めるか？　という観点からの企業価値評価がおこなわれるのです。

近年の営業物件の売買のおおくは、キャッシュの収益性から価格評価されることが多く、特にホテル旅館は不動産価値（土地と建物の値段）ではなく、収益性評価で値段が決まることがほとんどです。もちろん、不動産価値の鑑定評価においては、経済価値計算がありますが、従来の不動産価値から売買額が決定することがいまではほとんどないといって過言ではない状態です。

つまり、売買価格の決め方は2種類あって、①従来の「原価法」とよばれる、土地の評価額（公示価格・路線価）＋建物残存価値、②「収益還元法」とよばれる、キャッシュ・フロー÷期待投資利回り（「キャップレート」）になります。②には「利回り」のかんがえ方があることに注目してください。[注22] 営業物件は購入すると賃料収入などの収入がありますから、投資額にみあった収入が得られるという判断がないと購入できません。これは、わたしたちが銀行に預金するのと似ていて、預金（＝投資）と、利子（＝収入）が見合わないとどうするかかんがえるのと同じです。

投資銀行時代、とある物件を1万円とか、マイナス3万円で購入したことがあります。①の計算方法ではどちらも数千万円の不動産価値があるのですが、年間赤字額もふくめた累積赤字額がこれを帳消しにしてしまっていたのです。マイナス3万円とは、こちらが購入するのに、売却相手から3万円もらったということです。こんな売買が成立するのも、持ち主からすれば、持っているだけで赤字が増えるからです。当然に、この赤字とはキャッシュでのことです。

余談になりますが、ホテル業界では米国式ホテル会計基準、別名「ユニフォーム・システム（Uniform System of Accounts for The Lodging Industry）」と呼ばれるものがあります。「部門別会計」ともいいます。ホテルの従業員は職場別にユニフォームを着ているから「部門別」なのかというとそうではなく、ここでいう「Uniform」とは「統一された」という意味です。ですから、「米国式ホテル統一会計基準」とよんだほうが正確だとおもいます。これを調べますと、１９７０年にホテルオークラと帝国ホテルがはじめて輸入し、導入しています。さて、この会計基準について、「管理会計」という議論と「財務会計」という議論があるようです。

　わたしは帝国ホテルで10年以上、社内予算制度の改革案策定と運用を担当しました。わたしの入社は１９８６年ですから、ユニフォーム・システムが導入されて16年が経過し、わたしが予算制度策定に関与するまでの時間をかんがえると導入後20年をゆうに超える時間経過となります。それでなぜ制度改革が必要だったのか？といえば、組織運営の役に立たなかったからです。

「部門別」で集計する方式ですから、宿泊部門、レストラン部門・・・と社内各部門が並びます。しかし、おおくのばあい組織図とあわないのです。たとえば「レストラン部門」で部門長は誰か？ということになると、営業所組織の長であるレストラン部長がいます。けれども、レストラン部に所属しない各店舗調理のコックさんたちは調理部に所属しています。調理部には当然、調理部長がいます。「責任者でてきなさい」となったとき、この２人のどちらかか２人ともが「部門長」になります。

　組織は組織ごとにあたえられた権限でうごきます。それがお金になると「予算」になりますから、部門別では両方の部の予算が編成できても運用できないという問題がありました。

　予算管理はＰＤＣＡサイクルそのものの動きをします。予算を策定し、期中管理・運営し、結果をだします。もっとも重要なのは、期中管理で、実際におきていることと、あらかじめ計画したこととをチェックしながら行動しなければ、実績をあげることができません。したがって、予算策定時には、なるべくたくさんの想定をすることが大事です。すると、必然的にこまかいことまでかんがえることになります。組織は、そのこまかいことにまで対応できるようにつくった人間集団ですから、組織と予算責任は切り離すことはできません。そうなると

「部門別」では切り口が大きすぎるのです。

ですので、わたしの実務経験から、ユニフォーム・システム（部門別会計）は管理会計（＝経営会計）とはいえないとかんがえております。

その後、投資銀行に移って、さらによくわかったのが、部門別の切り口は収益還元法の計算に不可欠なのです。これはその通りで、そもそも米国でホテル統一会計基準をなぜつくったかという理由にあたるからです。巨大な設備投資が必要なホテル事業は、初期投資におおくのお金が不可欠である点で「資本集約的産業」です。それでいて、完工後はサービス人員を配置する必要がありますから「労働集約的産業」でもあります。このような特性をもつ事業を円滑に行うには、観光白書がいうように資本と経営の分離が効率的になります。(注23)

そうなると、お金を出す側にきちんとした内容の報告をしなければなりません。これが動機でありましょう。つまり、ユニフォーム・システムは、株主に情報を提供する財務会計の部類にはいるのではないかと思うのです。

なにも売買だけが目的ではなく、自社の価値はいくらなのかを知ることは重要な情報です。その意味で、この会計基準は財務会計と管理会計の中間、といってもかなり財務寄りに位置するものだとおもいます。

本書の冒頭で、日本そば屋の事例で利益をとらえることの難易度は高いという話をしました。そのときのキーワードは「手余り」と「手不足」という状況をあらわす言葉でした。ときどきの状況によって利益のかんがえ方が一変してしまうのですから、容易ではありません。

残業代も、お客様の数が増えて手がたらなくて発生したのなら、売上増加にともなう費用増加なので「変動費」になりますが、交通機関のトラブルで到着が遅れてしまったことの対応として発生したのなら、売上が増えたのではありませんから「固定費」が増えたことになります。

「残業代」は、人件費が「変動」したからすべて「変動費」というものではありません。

この例のように、サービス業での損益のとらえ方はかなりな高さの難易度になります。したがって、いかに記録をとるかだけでも最初によくかんがえておかないと、何に利用するためのものかがわからなくなることがでてきます。これを自己目的化といいます。

飲食業で「満席」、宿泊業で「満室」、美容室で「予約終了」など、さまざまな「手不足」が発生しますが、おおくのばあい「手余り」状態の時間のほうが長いかもしれません。

「管理会計」とか「経営会計」あるいは「儲けるための会計」など、いろいろないい方がありますが、「手余り」と「手不足」のちがいを意識して工夫することからでもかんがえてみると、税法や会社法とはちがう自社独自の「記録方法」ができることとおもいます。そのコツは、どんな情報が欲しいか？を追求することにほかなりません。

図1-3-2　分布図と正規分布図

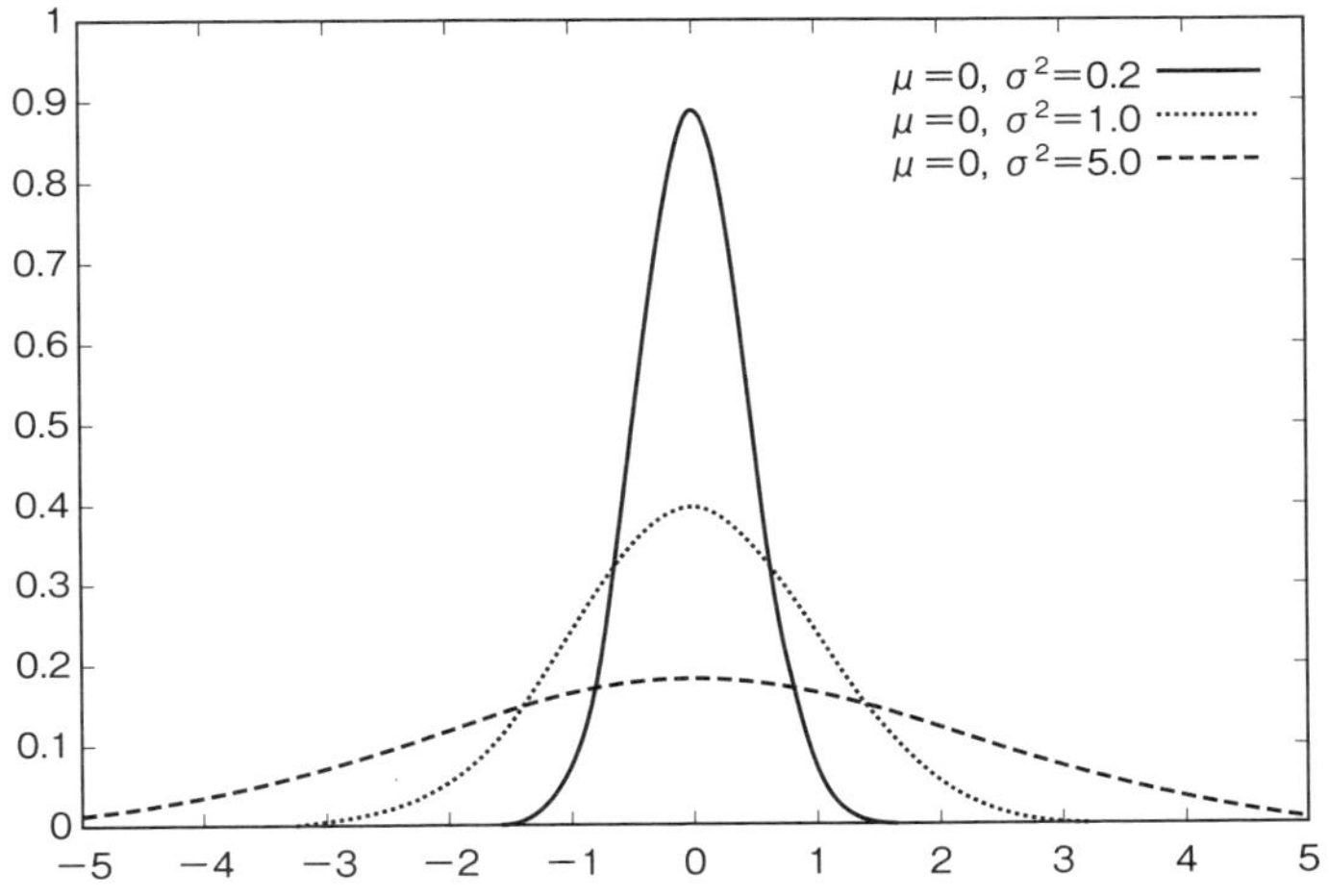

数字のはなしのついでに、「平均」についても念のためふれておきたいとおもいます。

ふつう「平均」とよぶものは「算術平均」のことを指します。対象となるデータの合計値をデータの数で割ったものです。

「平均来客数」、「平均売上」、「平均単価」など、平均は大変便利な統計量です。図1-3-2分布図をごらんください。[注24]

図をみればわかるように、平均がおなじ（図では「0」に山頂があるグラフ）でもたくさんのグラフが描けます。極端なことをいえば、全員が47点をとったテストの平均点は当然47点で、グラフにすれば47点に1本の線が立つかたちになります。ところが、47点を中心に、46点がひとり、48点がひとりいても3人の平均は47点です。このように、平均だけではかならずしもグループ全体の姿をとらえるのに適したものとはいえません。パソコン時代のいまは、できるだけグラフ化し、「標準偏差」も活用したいところです。

「標準偏差」ということばが難しいので、「標準偏差」そのものも難しくおもえてしまいますから、ずいぶんもったいないことになっています。

さきの例で、平均が47点であったとして、たとえば50点のひとは「偏差」がプラス3点です。45点だったひとは「偏差」がマイナス2点といいます。「偏差」とは、平均からの差のことをいいます。

「偏差の平均」がわかると、データのばらつきぐあいがわかります。全員が47点で、グラフが縦に一本棒のばあいは、平均も47点になりますから、「標準偏差」は0（ゼロ）点になります。ところが、全員が1点差で並んだばあいは、「標準偏差」は1点になります。このように、データが整然としていれば標準偏差もわかりやすいのですが、このようなことはめったにありません。

偏差の平均である「標準偏差」をもとめるには、偏差を全部たしてデータ数で割ればよい、というい つもの算術平均の計算をしたいのですが、残念ながらうまくいきません。「偏差」の足し算では、かならずプラスとマイナスの数がでてきて、合計が０（ゼロ）になってしまうからです。平均からの差が偏差でしたから、これはあたりまえです。そこで中学1年生の数学の登場です。絶対値で計算するには、どうしたらよいか？ それぞれの数を自乗（二乗）すれば正負の符号がとれて計算できるようになります。こうしてデータを自乗して、これをデータ数で割ると、「分散」が求まります。この「分散」を「偏差の平均＝標準偏差」にする方法は、自乗したものをもとに戻すことでできます。つまり、「分散」の平方根「√」を算出すれば「標準偏差」になります。

みなさんが所持している電卓には2種類あります。√キーがあるものとないものです。√キーがある電卓は、標準偏差を計算するためにあるといってもいいすぎではありません。しかし、コンピュータ時代の現代では、手計算で分散をもとめることじたいが面倒におもえます。パソコンや関数電卓をもちいれば直接のデータ入力と少しの手間で、手軽に計算できます。

さて、それで「標準偏差」がわかると、なにが便利なのでしょうか？

さまざまな場面で応用できます。たとえば、毎日の売上から月や年などの期間での標準偏差を求めてみたら20万円だったとします。平均売上が５００万円だとすると、この店舗の売上は４８０万円から５２０万円の間に入ることが予想できます。多いときと少ないときの差は40万円になりますから、商品在庫をどのようにするかをかんがえるか、かんがえないかで利益＝キャッシュがちがってしまいます。

また、その在庫の変動も棚卸しデータの標準偏差から、安全在庫を計算することができますから、勘にたよる方法より精度が高まる可能性があります。

さらに、気温と氷菓子の販売数の関係というように、関連するそれぞれのデータの標準偏差を利用して、結果の予測と予測の精度まで予測する計算が可能になります。これらの計算も、計算自体はたいへん簡単です。

各施設ごとに工夫してあるはずなのに、じっさいはないがしろにされているものが「アンケート」です。アンケート調査こそ、統計的センスがもとめられるものはありません。せっかくお客様に直接質問するものが、仮説による質問内容の設計、誘導にならない質問文のつくりかた、データ集計の方法、そして分析という流れでできていることは、ほとんどありません。ですから、客商売なのに、顧客アンケートが経営に影響をあたえていることがないのです。

そして、案外スルーしてしまっているのが、インターネット上の旅行代理店が提供している自社販売管理画面にでてくる各種分析の利用です。せっかくのデータやグラフが、「みる力」がないために役に立っていない事例もよくみかけます。

このように、標準偏差に代表される統計の知識は応用範囲がとても広く、つかわないのはもったいないことだとおもいます。

実務では、もう1つの平均もよくつかいます。「幾何平均」というもので、成長率や金利（複利）の計算には不可欠です。前述の収益還元法の計算などにもついてまわります。

たとえば、7%の複利で10万円を預金をしたばあい、10年後の受け取りはいくらになるか？をかんがえてみましょう。1年後は、10万7000円になります。10万円×1.07という計算になります。2年後はどうでしょう？10万7000円×1.07=11万4490円です。それでは3年後は？11万4490円×1.07=12万2504円という具合です。これは、1年毎に1・07を掛ける回数を増やしているのとおなじなので、10年後なら、10万円×

1.0710（10乗）という計算をすることになります。こたえは、19万6715円になります。ほぼ2倍ですね。すると、10万円が10年後に19万6715円になるには、平均年率で何%の利率になるでしょうか？という計算をするには、19万6715円÷10万円÷10年＝0.196ということにはなりません。

$\sqrt[10]{(19万6715 \div 10万)}=1.07$　10乗根の計算をして、7%だということになります。残念ながら、ふつうの電卓にはこの計算機能はありません。パソコンをたちあげるまでもないようなばあいは、やはり関数電卓の出番になります。

わたしは米国テキサス・インスツルメント社（ＴＩ）の関数電卓を愛用しています。「ＴＩ電卓」と呼ばれています。電卓なら日本製が一番！とおもいこんでいたのですが、関数電卓の分野については、日本製は残念な機能がついていて使い勝手がわるいのです。それは、電源操作（ＯＮ・ＯＦＦ）をすると、式や計算結果が消えてしまう機能があるものが多いからです。各種の国家資格試験に持ち込み可能なタイプがこれにあたります。公正な試験のため、という理由はわかるのですが、その後の実務のために重点がおかれていないのが不思議です。実務こそ、全部パソコンで済ませるものではありません。サッとだしてパッと計算したい場面が実務にはたくさんあります。スマホのアプリで代用することもできるという見解もあるでしょうが、もうちょっと深い計算だと不安です。

ＴＩ電卓のうちでも、「TI-30XB MultiView」[注25]という電卓は大きさも手軽なのに入力画面が4行あります。そのため、データ入力のために「表形式」で入力できるすぐれものです。統計計算はもちろん、幾何平均もかんたんにこなしてくれます。電源操作をしても入力したデータや計算結果が消えません。計算結果は式ごと記憶してくれていて、式の再利用までがボタンひとつで可能です。数字を入れ替えるだけで、式の入力が省略できますからくり返し計算に大変便利です。この電卓をアメリカでは小学生！から使っているそうですから驚きます。

わが国では30年ぶりになる統計を折り込んだ新学習指導要領が、小学校では２０１１年度、中学校では２０１２年度から全面実施され、高等学校では２０１３年度の入学生から（数学及び理科は２０１２年度入学生から）段階的に適用される(注26)ことになっています。ＯＥＣＤ各国で、統計学を学ばないのは日本だけのような状況から抜け出すことが主眼ともいわれているようです。あと数年もすると、統計教育をうけてきた新入社員がやってきます。このところ大型書店の数学書コーナーにはさまざまな統計学の教科書がありますが、一部には「教員向けではないか？」との噂もあるようです。なにしろ30年ぶりの復活ですから、先生たちも習っていないのです。

厳しい現実の原因は、こんなところにもあるとかんがえられます。

やさしい入門書を、パソコンの表計算ソフトを立ち上げて学ぶのはちょっと重いですが、関数電卓なら電車の中でもなんとかなります。

習うより慣れろ！ぜひ食わず嫌いから卒業して、挑戦してみてください。

（注９）経済産業省（２０１４）「２０１４年版不公正貿易報告書」図表Ⅱ-12-3　主要各国の自由化約束状況（http://www.meti.go.jp/committee/summary/0004532/pdf/2014_02_12.pdf）。

（注10）政策統括官（統計基準担当）日本標準産業分類（http://www.stat.go.jp/index/seido/sangyo/19-3-1.htm）。

（注11）長谷川聰哲（２０１２）「国際化する日本のサービス産業の構造」ＪＩＤＥＡ研究会編『進展する日本経済のサービス化』国際貿易投資研究所、第３章。

（注12）厚生労働省、平成24年度衛生行政報告例統計表２（http://www.mhlw.go.jp/toukei/saikin/hw/eisei_houkoku/12/dl/toukei.pdf）。

（注13）観光白書平成25年版、74頁、図1-3-1-2　宿泊業の市場規模の推移。

（注14）前掲、厚生労働省、平成24年度衛生行政報告例統計表2。

（注15）厚生労働省「旅館業の振興指針」(http://www.mhlw.go.jp/bunya/kenkou/seikatsu-eisei05/07.html)。

（注16）経済産業省編（２０１０）『産業構造ビジョン２０１０─我々はこれから何で稼ぎ、何で雇用するのか─』財団法人経済産業調査会。

（注17）前掲、観光白書、79−80頁。

（注18）観光庁「旅館経営管理マニュアル」(http://www.mlit.go.jp/common/001032228.pdf)。

（注19）ピーター・F・ドラッカー（Peter F. Drucker）／上田惇生訳（２００２）『ネクスト・ソサエティ』ダイヤモンド社、１１５頁。

（注20）ピーター・F・ドラッカー（Peter F. Drucker）／上田惇生訳（１９９４）『すでに起こった未来』ダイヤモンド社、57頁（初出「ウォールストリート・ジャーナル」紙、１９７５年）。

（注21）ピーター・F・ドラッカー（Peter F. Drucker）／上田惇生訳（２００６）『現代の経営・上』ダイヤモンド社、１０６頁。

（注22）石橋克好（２００８）『不動産投資判断の基礎講座』住宅新報社、76頁。

（注23）前掲、観光白書、80頁。

（注24）図は「分布図」と呼ばれるもの。なお、統計に関する参考書は下記の通り。向後千春・冨永敦子（２００７）『統計学がわかる』（ハンバーガーショップでむりなく学ぶ、やさしく楽しい統計学）技術評論社、吉田耕作（２００６）『直感的統計学』日経ＢＰ社、村上知也・矢本成恒（２０１４）『ビジネスで本当に使える超統計学』秀和システム、など多数ある。

（注25）TI-30XB MultiView (http://www.naoco.com/calc/ti-30XS_summary.htm)
東京都新宿区西新宿３−９−２　イマス西新宿第一ビル５Ｆ (http://www.naoco.com/index.htm) で購入ができます。

（注26）総務省統計局 (http://www.stat.go.jp/teacher/c3index.htm)。

1-4 梅棹アプローチ

1994年の文化勲章受章者に梅棹忠夫氏（1920年-2010年）の名前があります。初代国立民俗学博物館館長として識られていますが、1957年に中央公論2月号で発表された「文明の生態史観」[注27]という論文で有名です。もとは生態学者で、各地を探検しながら得た情報を、人間の営みとしての文明にあてはめて解説された名著です。

この梅棹先生が、サービスにかかわる論文を発表されていますので、ここでご紹介しながら、サービス業の本質に迫りたいとおもいます。これをわたしは、「梅棹アプローチ」と呼びたいとおもいます。

さっそくですが、次の引用は、先生が講演で述べられた一部です。[注28]これも、業界関係者には耳の痛い話です。

「略奪産業

観光産業の一般論としていいますと、日本にはいままでの観光資源というものがはじめからあるわけです。歴史的にせよ、自然的にせよ、もともと存在する。そこへひとがみにくる。そのひとからしぼりあげるというふうになっております。はっきりもうしまして、これは略奪産業です。たいへんきついことばですけれども、原理的にそうなっている。まことに原始的な産業です。これではちょっと、ぐあいがわるいんじゃないですか。」

そして、観光産業についてのあるべき姿を以下のように話されています。

「いまや観光は略奪産業から脱皮して、ちゃんと設計された産業（傍点筆者）へ進化する時期がきているとおもいます。どういうことかともうしますと、演出がいるのです。観光産業全体に、演出がいるようになってきているとおもうのです。（中略）観光産業は一大総合産業であるべきなのです。さまざまな要素があって、全体がひとつのシステムをくまなければならない。そういう点で、あるひとつの品物をつくっている製造業とは、原理がちがいます。サービス業ともちがう。総合的に膨大な分野をカバーしながら（傍点筆者）、しかもたいへんきめのこまかい作業が必要なので、農業や工業のようなきめのあらいものとちがうのです。」

いかがでしょうか？　今に生きるわたしたちが現在形で聞いても、まったく同感できる話ですが、先生はこれを１９７０年にお話しになっています。つまり、わたしたちは、この50年間ほど、何をしてきたのかおおいに反省しなければなりません。そして、この講習会での指摘が、先の経営力発揮のポイントとも重なるのではないでしょうか？

第１次産業の自然から得られるものへの知識と、第２次産業から生まれる最先端の技術製品による文明生活の利器への洞察、そして、それらを応用した情報技術など、わたしたちを取り巻く「総合的に膨大な分野をカバー」することのなかにこそ、生き残るヒントがあるのです。１次（産業）＋２次（産業）＋３次（産業）＝６次（産業）という考え方そのものだと思います。(注29)

これより前の、１９６２年に発表された「情報産業論(注30)」には、おおいにサービス業の本質にせまる言及があります。また、「情報産業」という言葉を世界で初めて（日本で初めてではありません）提案したのも梅棹先生であることを特記しておきたいとおもいます。

先生は、基本的に従来の、第1次産業が農業とか水産業で、工業が第2次産業、それ以外が第3次産業という分類を否定的にみられています。どういうことか、引用します。

「産業のおおまかな分類には、C・G・クラークによる三分類がしばしばもちいられる。すなわち、第一次産業（農林水産業）、第二次産業（鉱工業）、第三次産業（商業、運輸業、サービス業）という分類である。これによると、われわれのいうところの情報産業などは、その先駆的諸形態をもすべてひっくるめて、サービス業に属し、商業などとともに第三次産業に属することになる。わたしはしかし、これはすこしおかしくはないかとおもうのである。(注31)」

としたうえで、新聞やラジオ、テレビの商業性を例にして、

「この「商業」のあつかう「商品」のなんと奇妙なことか。いったい、この種の「商業」のうる商品とはなんであるか。ふつう、商品といえばやはり物質である。物質ではないまでも、たとえば電力のように、物質に準じたとりあつかいのできる、いわゆる外延量をもったものである。それは、つねに計量が可能であり、たしたりひいたりできるところのものである。ところが、新聞やラジオ、テレビの売るものは、そういったものとはまったくちがうのである。(注32)」

これは、わたしたちの「常識」をくつがえす重大な指摘です。この「常識」とは、「そんなことかんがえたこともなかった」ではないかとおもうからです。

わたしたちが毎日読む新聞は、紙の上に印刷された情報を買っているのであって、新聞紙を欲しくて買っているのではありません。読み終えた新聞紙は、廃品回収にだして、再生紙になるために紙として引き取られていきます。このときの価値は、あくまでも紙として計測されるのであって、そこに印刷された情報の価値はすでに消滅しています。さらに、再生紙工場では、インクすら不純物として取り除かれますから、再生工程ではインクも邪魔ものなのです。

テレビやラジオは、あらかじめ購入してあるテレビ受像器やラジオ受信機をとおして画像や音声を視聴します。

「視聴料をとって電波をおくるという取引はもとより、スポンサーから料金をとる民間放送の場合でも、原理的にはおなじである。民間放送において、しばしば「時間を売る」という表現がとられるけれど、売っているのはもとより物理的外延量であるところの時間ではなくて、その時間をみたす「情報」なのである。一定の時間を情報でみたして提供すれば、その「時間」が売れるということを発見したときに、情報産業の一種としての放送業が成立したのであった。(注33)」

この議論を宿泊業にあてはめるとどうなるでしょう？

ただ泊まって、食事するという機能だけをかんがえたばあいとはちがい、先生の発想を試みると、宿事業とは果たして「時間と空間を売る」という伝統的な商売の定義でよいものか、ぼんやりとした疑問が生まれてきます。

先生は続けます。

「じじつ、情報をあつかう業種においては、取引上、はなはだインチキくさいこともおこりうるのである。こまったことには、情報というものは、さきのサイバネティックス系[注34]の定義を採用してみても、いくつかの可能性のうちのひとつを「指定する」ことである。べつに「品物」をわたすわけではないのだから、いっぺんおしえてしまえばおしまいだ。」

宿に着いてから、今夜の夕食メニューが選べるというサービスをしていることがよくあります。見たことも食べたこともなく、文字で書かれた献立を見ながら、ひとつを「指定」しなければなりません。ここで、夕食は料理という物質的な「品物」で提供されますが、一晩で2食や3食もとる夕食はありえないので、結局のところ予算と見合う内容で「指定」することになります。そして、その内容を覚えてしまえば、多くのばあいリピーターになってもおなじタイプのコースを指定することになるとかんがえられます。

また、ある程度予測していた料理内容と、はなはだしく異なって残念なおもいをした経験を想い出すと、なるほどインチキくさいこともおこりうるわけです。

すると、宿泊業は、おそろしく「情報産業」の分類に近いのではないかとおもわれるのです。そこで、あらためて「情報」とはなにを意味するのかを確認してみましょう。

「情報ということばは、しばしば文字情報あるいは言語情報の意味に、せまく解釈されがちだが、言語や文字を媒介しない情報もいくらでも存在する。視覚にうったえるもの、聴覚によるもの、臭覚や味覚によるもの、さらに触覚または身体感覚によるものまでを情報とかんがえてよい。

そのような各種の感覚器官にうったえかける情報のすべてをひっくるめて、われわれは感覚情報とよぶことにしたい。(注35)」

なるほど、ここまで範囲がひろがると、確信的になります。感覚情報といえば、宿は感覚情報ばかりになります。

「人間の感覚にうったえかける情報を、感覚情報と名づけるならば、これを産業化したものは、感覚情報産業とよぶことができるであろう。(注36)」

「味覚もまた感覚産業のひとつとして開発することができる。一般に食事の問題は、栄養とむすびつけてかんがえられることがおおかった。食物は人間のエネルギー源である。それをカロリーにおきかえてかんがえるとき、食料産業は内胚葉産業となる。そこは内胚葉に由来する消化器官系の出番である。それにもかかわらず、すべての食物にはカロリーと無関係に味が存在する。それは外胚葉に由来する感覚器官の一種、味覚器官がその情報を受信する。その味覚を売る、つまり産業化したときに感覚産業の一種としての料理産業が成立する。（中略）産業論的にいえば、新聞や雑誌が、紙という物質的媒体のうえに情報をのせて伝達されるように、味覚という感覚情報は、食物という物質的媒体にのせて伝達されるのである。すくなくとも、現代の食料ないし食事には、そのような情報産業的要素がひじょうにおおきなものとなっていることは否定できない。(注37)」

まさに、ズバリとした指摘です。このようにかんがえると、宿事業はさまざまな媒体による感覚情報の複合体的産業であるといえるでしょう。さまざまな媒体とは、お客様の五感にうったえるものすべてです。たとえば、肌に触れるタオルやシーツの肌触りとか、見ても楽しめるメニューとか、耳に心地よいＢＧＭとかです。さて、さきの引用に「内胚葉」とか「外胚葉」といった用語がとびだしました。産業の話題に生物学的な用語がでてくるのはどういうわけでしょう。

実は、この議論は、人間が動物であることを前提としています。これを生物の発生に見立てて「胚」の成長に沿って解説しています。受精卵が分裂してどんどん成長する姿です。つまり、

「『情報産業論』では、この三胚葉の分化を、人類史における産業の発展の三段階に対応させているのである。(注38)」

具体的に受精卵の細胞分裂をイメージしてみてください。

まず、最初に消化器ができます。口と肛門をつなぐチューブ状になります。原始的な生物も、人間も、消化器の形はおおまかに同じで、チューブ状ですね。そして、人類は原始時代と呼ばれる長い時期からつい最近まで、いかに食料を確保するかが生活のすべてでした。つまり、消化器の発生というチューブ状の内胚葉の発達と食料

確保が主という生活の要請が一致するので、先生はこれを「内胚葉産業」と呼んでいます。簡単に言えば「食料産業」ですね。

次に、さまざまな器官が発生します。この中で、とくに動物の場合は、移動するための筋肉や、それを支える骨格、さらに栄養を供給する血液や血管ができてきます。運動や行動につながるための器官です。これらの器官は「中胚葉」から発生します。ですから、これらを補助する道具類や機械をつくる産業を「中胚葉産業」と呼んでいます。機械をうごかすには石炭や石油といったエネルギーが必要です。したがって、鉱工業がこれにあたります。

そして、最後に、複雑になったみずからの体をコントロールするための神経や脳が発達します。これは「外胚葉」からできます。そこで、情報産業を「外胚葉産業」と呼ぶのです。

問題は、呼び方ではありません。栄養取得器官としての消化器とマッチした食料確保の時代からの発展の方向は、農機具という筋肉の代わりになる道具のおかげや、化学肥料という新しい発明のおかげをもって安定化し、先進国では食に困らないようになりました。一方で、その食の内容は、単なる生存のための栄養の確保からしだいに贅沢さをまし、美味しいだけではなく、安全をも重視されるようになりました。はたまた、カロリーが高い食品よりも低カロリーな食品の方が好まれ、高価格であるという時代になってきたのです。これらの食品を得るには、いまではパッケージにある説明や新聞その他からえられる情報がなければならなくなりました。つまり、単に物質的なものから脳や神経をつかう「外胚葉産業」へと進化しているのです。

従来の第1次産業＝農林水産業、という枠ではありません。農業そのものが情報産業へとシフトしていることがポイントです。

同様に、従来の工業も、もはや工場で部品から製品を組み立てることが工業ではありません。どんな製品が売れるのか？ どのように販売するのか？ といったマーケティング・リサーチから、アフターサービスに至るまではもちろんのように、それはやはり神経や脳をつかう「外胚葉産業」になってきています。

このような流れを基本とすると、観光などもすべて、脳や神経をつかう産業に転換する方向でなければ、まわりから浮き上がってしまいます。単に体験型であるということではなく、「従来にない神経や脳をつかうこととは何か？」が問われているのだということです。

これを梅棹先生は1960年代に提唱しているのですから驚きです。現実が先生の主張に追いついてきた、ともいえましょうが、業界としての認識の甘さは反省を込めて再確認すべきときにあるとおもいます。

そこで、従来の考え方を一度振り返りながら、あらためて「情報産業」のアプローチを確認してみましょう。

一般にサービスは無形として語られることが多いのですが、実務ではそうはいきません。たとえば病院を例にすれば、建物という入れ物に、高度な専門機材が設置されていなければなりません。しかし、そのような施設や設備があっても、それを動かす医師や看護師などのスタッフが優秀でなければ誰も評価しないでしょう。極端なことをいえば、昔は「名医」がいればボロボロの病院でも患者の列は絶えなかったでしょう。しかし、現代医療では設備が重要な意味をもちだしました。トータルでサービスを商品として考えるとき、「無形性」だけに着目しても、それは商品にならないのです。小売り業でも同じです。安さを強調したいお店ならば、施設や設備に大きな投資はしないでしょうし、逆に、高級感を売りにするのであれば、内装なども贅沢になります。そして、人的サービスも、安売りの店でデパートのような接客は不評を買うでしょうし、高級店でぞんざいな接客は許されません。「無形」と「有形」をいかに総合的にコーディネートするかが商売の成否を決めます。つまり、商品を構成する要素として、いかに「ちゃんと設計するか?」という問題に戻ります。

ところが、建物もスタッフも立派な病院を、利用者はどのように認識するのでしょうか? あるいは、建物はいまいちでも、凄腕の医師が常勤していることなどをどのようにして知ることができるのでしょうか? また、高級ブランドに多額の支払いをする根拠はなんでしょうか?

決め手は「情報」になります。

さまざまな媒体を通じて得る情報が、そのまま選択の根拠になり、利用した結果の評価になります。有名ブランドは「有名」こそが重要であって、「無名」では成り立ちません。よく「情報化社会」と呼ばれますが、コンピューターの発達が情報化社会の原因かといえばそうではなく、内胚葉からすすむ発生学的アプローチからみれば、情報産業に集約されるのは一種の必然なのです。そして、情報の集約のために高度な技術としてのコンピューターが必要になったとする方が、わかりやすいとおもいます。

すると、消費者はなにを求めているか? をかんがえると、五感から得られる「感覚情報」へとみちびかれます。感覚器官それぞれから得られる感覚情報から、感覚情報産業が生まれるなら、トータルな全身感覚になるとどうなるのでしょう?

「たとえばオートバイや自動車をぶっとばすときの爽快感はいったいなんであろうか。さまざまな感覚の複合であろうが、一種の全身的身体感覚といわなければなるまい。この種の総合的な感覚情報のことを体験情報とよんでみてはどうであろうか。もし、特定の感覚器官を通じての感覚情報をもって感情情報産業が成立するならば、このような総合的全身的感覚、すなわち体験情報についても、感覚情報産業は成立するはずである。

それは、体験情報産業という名でよぶことができるであろう。(注39)」

まさに、宿泊産業は、さまざまな媒体を通じた感覚情報産業であるから、これを体験情報産業と呼ぶことに異論はないでしょう。従来の「時間と空間を売る」というかんがえ方と「感覚情報産業」は単なる言い換えではありません。

おおきなちがいは、目線です。

供給する側からの表現が「時間と空間を売る」です。これは、第2次産業＝工業的な発想の延長にあります。

「情報産業は工業の発達を前提としてうまれてきた。印刷術、電波技術の発展なしでは、それは、原始的情報売買業以上にはできなかったはずである。しかし、その起源については工業に負うところがおおきいとしても、情報産業は工業ではない。それは、工業の時代につづく、なんらかのあたらしい時代を象徴するものなのである。その時代を、わたしたちは、そのまま情報産業の時代とよんでおこう。あるいは、工業の時代が物質およびエネルギーの産業化がすすんだ時代であるのに対して、情報産業の時代には、精神の産業化が進行するであろうという予察のもとに、これを精神産業の時代とよぶことにしてもよい。（中略）第三次産業に属する商業や運輸業やサービス業のかなりの部分は、じつに第二段階の工業の時代の生産物たる、大量の商品を処理するための、付帯的、補助的な産業にすぎないのであって、情報産業のような精神産業とは原理的にことなるものである。(注40)」

「ほんとうは近代工業なんて、生産方式としてはきわめて粗雑なものにすぎないのだ。（中略）おおまかなあてずっぽうで、画一的な製品を、しかも原料となる物質とエネルギーの直接的消費において、ぞろぞろとつくりだしていたにすぎないのである。

自動制御系理論の発展と、エレクトロニクスの発達とは、たしかにあたらしい情報産業の技術的基礎になってゆくであろうが、同時にそれは、工業的生産方式それ自体にも、革命的な変革をまきおこしつつある。それはいわば、きめのあらい工業に対する、きめこまかな（傍点筆者）情報産業的要素の導入であるといってもよい。[注41]」

チャップリンの映画「モダン・タイムス」[注42]を彷彿させます。

そうであればこそ、繰り返しになりますが「ちゃんと設計された」モノでなければ、商品として成り立たない時代になっているのです。「きめこまかな」とは、「ちゃんと設計」したものでなければできません。個人の資質にたよれば、あるひとにはできて、あるひとにはできないという点できめこまかな仕事はできませんし、あるひとの体調によっていつもとことなることになりかねないとすれば、やはりきめこまかなことにはなりません。きめこまかな仕事には、職場全体とか、会社全体で取り組まなければならないのです。まず最初に、個人と個人をつなぐ仕事をきめこまかなレベルにするためになにが必要かをかんがえると、「きめこまかな」仕事には、フィードバックがなくてならないことがわかります。個々がやりっ放しではすみません。すると、きめこまかな仕事を皆で、集団的に達成するには、あらかじめルール作りが必要になります。ここで、ルールは情報だということを考えてみてください。

つまり、情報産業的要素が大きくなるというのは、ルールが複雑になる意味もあるのです。もちろん、複雑なルールがあるだけが情報産業的要素が大きくなるということではありません。複雑なルールを理解し、実行できることをもって情報産業的要素になります。すると、結果品質が変化します。それをフィードバックすることで、さらに結果品質が向上します。これを繰り返すと、あらかじめ改善をはかるために、品質を設計するというかんがえがでてきますので、革命的に品質が向上します。これが、従来型のやり方を続けるだけでは生き残れなくなる理由です。競争相手が、ある日、まったく手のとどかない存在に変化した姿を見せるのです。

しかし、その競争相手は、突然変異したのではありません。情報産業的要素を取り入れ、見えない努力をした結果そうみえるだけなのです。

このような「原理」から、わたしたちが議論している宿泊産業は、間違いなく情報産業に含まれます。従来のいい方である「接客業」でも「サービス産業」でもありません。是非とも「情報産業」として理解したいとおもいます。

（注27）梅棹忠夫（1967）『文明の生態史観』中央公論社。

（注28）梅棹忠夫（1987）『京都の精神』角川書店、29頁。「解説　一九七〇年、京都市文化観光局は、「観光事業経営者夏期講座」というのを開催した。講習会は六月二十六日、比叡山の中腹にある比叡山国際ホテルのボウル・ルームとよぶ大会議場であった。受講者は京都市内に事業所をもつ旅館、交通業、みやげもの店などの経営者であった。この講習会にまねかれて「七〇年代の観光京都ビジョン」という講演をおこなった。（以下略）」※2005年に角川文庫に収録。

（注29）6次産業とは、農業や水産業などの1次産業が、食品加工や流通などの分野に進出している状態を一般にいうが、本文にあるように、総合的な情報産業としてとらえているところが特徴である。

（注30）梅棹忠夫（1999）『情報の文明学』中公文庫、51、77、81、83頁。

（注31）前掲、梅棹、44頁。
（注32）前掲、梅棹、44－45頁。
（注33）前掲、梅棹、45頁。
（注34）サイバネティックスとは、生物と機械の間に共通点を見いだし、通信と制御の問題を統一的・体系的に追究する学問。［明鏡国語辞典］
（注35）前掲、梅棹、補論2 感覚情報、76－77頁。
（注36）前掲、梅棹、補論3 五感の産業化、77頁。
（注37）前掲、梅棹、78頁。
（注38）前掲、梅棹、補論1 外胚葉産業、74－75頁。
（注39）前掲、梅棹、補論5 体験情報、81－82頁。
（注40）前掲、梅棹、51－53頁。
（注41）前掲、梅棹、55－56頁。
（注42）チャールズ・スペンサー・チャップリン（Charles Spencer Chaplin, １８８９年4月16日－１９７７年12月25日）の代表的映画。１９３６年製作。

超辛口コラム2　テレビショッピングの濃さ

テレビのグルメ番組で、「豆腐」を「やわらかくておいしい」と表現するのはいかがか？ という批判を耳にしてずいぶんたちます。しかし、このての番組で貧弱な日本語表現が改善されたというはなしもききません。昔ながらの歌謡番組や時代劇などの番組はすくなくなり、バラエティ真っ盛りという昨今のテレビ界は、本文でふれたように番組製作の丸投げが問題だけでなく、はたして情報産業なのか？ という疑問がわいてくるのもうなずけます。

えられる情報が貧弱ですから、お金持ちはテレビを観ない、という傾向があるようです。以前は深夜番組でしかお目にかかれなかった業界のＣＭを、ゴールデン時間帯でも目にします。

そんななか、テレビショッピングの繁盛ぶりが目立ちます。ネットショッピングと真っ向から対決し、互いに譲りません。

「情報産業」という切り口でみたとき、テレビショッピング番組の完成度は相当に高いレベルにあるとおもいます。なにもテレビが媒体だから「情報産業」というのではありません。

そこでの商品紹介方法が「情報化」しているといいたいのです。

テレビジョンという媒体は、映像と音声からなりたっています。五感でいう「視覚」「聴覚」に対して情報（刺激）をあたえているのです。そのほかの感覚「臭覚」「味覚」「触覚」については残念ながらいまの技術では再現が困難です。ですから、映像と音声によってこれらを想像させる努力がおこなわれます。つまりどのように「感覚」にうったえるかを深くかんがえるのです。

そのためには、商品の特徴をあぶり出し、なにが「売り」なのかを徹底的に分析しなければなりません。その結果として、表現できない感覚を感じさせるしかけを組み込んでいくのです。

これは明らかに「設計」しているということです。商品特性の説明方法をまちがったという反省もあるそうなので、なかなかうまくいかないこともあるのでしょうが、そのバロメーターが「売上」ですから、シビアな世界です。

さて、宿事業でこのように商品特性をかんがえて商品設計されているか？　というと微妙です。

なにが何個売れたか？　というのは誰でも商売の基本だということをしっています。これを宿事業にあてはめると、プランごとに数えて、なにが何室売れたかを拾えばいいのですが、驚くことにこんなことも怠っていることがあります。

「売れない」には売れない理由があります。

自社の宿泊プランを、テレビショッピング風に解説したら、どんな表現になるかをかんがえてみてください。15分間もかけて説明できる内容ですか？　セリフ回しはどうですか？　なんだ、こんな商品に時間をかけて！　という視聴者の立場にたってみたとき、その解説は、こうした批判に耐え、「売れる」レベルになっているでしょうか？　つまり、視聴者がぜひこの宿に行きたい！　と思うような表現になっているか？　ということです。

ぜひ、シミュレーションをしてみてください。

テレビショッピングの真似は、けっこうしんどいはずですが、相当に脳のブラッシュアップになります。

1-5　アメリカが日本研究で得た結論は「利益の源泉は品質にあり」

サービスの本質にせまるために、もう少し遠回りしてみましょう。実は、日米の戦後産業史をたどると、驚くべきものが姿をあらわしてくるのです。

第二次大戦後、西側世界の盟主になったアメリカにとって、「栄光の60年代」とか「古き良き60年代」といわれるように、１９６０年代は絶好調でした。

一方、高度成長をおう歌していた日本では、１９７０年（昭和45年）は、あの大阪万博の年です。ちょうどきりがいいので、この年を基準にふりかえってみましょう。

実は60年代にはじめたベトナム戦争に疲れたアメリカは、１９７１年にドルと金の交換を停止しました。これが「ドルショック」とか、「ニクソンショック」といわれた事件です。通貨の歴史上で起きた、金（Gold）からの離脱は、信用とは何かをあらためてかんがえさせられるものでした。世界最強のアメリカは、自国通貨のドルと金の交換を保証していたのですから、それを突如やめるという宣言は世界を驚かせました。

そして、１９７３年には第四次中東戦争で石油ショックが起きます。続いて、１９７８年にはイランでのイスラム革命によって、第二次石油ショックが起きます。つぎつぎと起こる大事件によって、激動の70年代といわれた理由です。

この間、アメリカやイギリスは、貿易赤字とインフレ、それに財政赤字に苦しみますが、日本は世界一の低燃費車ホンダシビックの成功が象徴するように、巨大な貿易黒字を生みだし、世界経済は日本の一人勝ち状態となります。そして、１９８０年代を通じて、日本は世界一の経済大国を自負するようになるのです。

アメリカでは、１９７０年代のはじめに、巨大企業は「多国籍企業」や「コングロマリット（複合企業）」に姿を変えています。そのコングロマリットを代表するＩＴＴの副社長で、アメリカ品質管理協会の会長だったクロスビー氏による品質への啓蒙活動がありました。(注43)

しかし、なかなかこの主張はアメリカ財界に受け入れられませんでした。「大量生産・大量消費」こそが企業の利益の源泉だと信じられており、「品質にこだわればコストがかさむから、利益が減ってしまう」というのが常識でした。

潮目が変わるのはレーガン政権になってからです。

１９８２年にレーガン大統領の「生産性に関するホワイトハウス会議の法律」法案への署名(注44)によって、国家プロジェクトとしてアメリカ合衆国史上２度目の日本研究が始まりました。最初は大戦中で、零戦の解体研究でした。今回のテーマは、「日本経済の強さの秘密はなにか?」です。２年後、プロジェクトの終了とともに研究結果の発表がされ、アメリカ産業界に衝撃が走ります。

「品質にこそ利益の源泉がある」というのがその結論だったのです。

日本製品の品質はアメリカ製をうわまわっており、しかも価格はリーズナブルだったので、日本は賃金を抑制した分で事実上のダンピングをしているという主張がされていました。しかし、この研究のため来日し、直接日本各地の企業を調査した結果、品質を向上させるための努力と、コスト削減の努力が同時におこなわれていたことに気づいたのです。

それでも、納得できないひとたちがいたのでしょう。１９８６年から３年間、あのマサチューセッツ工科大学（ＭＩＴ）が、学内の総力をあげて米日欧の産業研究を実施しています。学内の総力です。この研究にはノーベル経済学賞受賞者も加わっています。そして、出てきた成果は「アメリカの製造業は日本のようにならなければならない」だったのです[注45]。

日本側はこのレポートに自信を深め、その後のバブル景気に浮かれ、いまに至るのはご存じの通りです。しかし、このレポートの日本語版への序文には、いまとなっては、と悔やまれる文章がありますので少し長いですがご紹介しましょう。

「興味深いことに、アメリカに関するわれわれの分析によると、大量生産というアメリカが歴史的に培ってきた強さが、逆に今日の厳しい経済環境に対応するうえで必要な変革にとって障害となっていることである。そこで、日本の読者に問いかけたいのは、日本が歴史的に培ってきた強さが、今日、国際経済の場に日本が全面的に参入していこうとする場合の障害となり、日本が大きな役割を果たしている世界市場において、かえって日本の弱みとなってしまうのではないか、ということである。

われわれは、日本ではなくアメリカを調査した。したがって、こうした疑問には答えることができないのである。アメリカについて本書が分析したのと同様に、日本自身のミクロ経済の強さと弱さとを自己検証し、答えを出しうるのは、日本をおいて他にはない。以上のような背景に立ってわれわれは、日本の関係各位が左記の課題に取り組まれることを呼びかけたいと思う。

ＭＩＴ産業生産性調査委員会が実施したと同様の幅と深さのある調査を目的とする「日本委員会」が設立されること。この委員会は政府機構ではあってはならない（傍点筆者）こと。この委員会は、われわれが実施した調査と同様に、国の産業の強さの基盤と考えられている既成概念に意欲的に取り組むこと。この委員会は、企業および政府活動のミクロ・レベルにおける日本の強さと弱さとの自己検証を行い、とくに国際経済の舞台における日本の経済実績に影響を与えるような経済組織形態を検討すること。こうした調査の結果は、国際的な相互理解をさらに促進するために、日本国内および海外において広く入手できるようにすること。(注46)」

この日本への「提案」がまとめられることを願う旨、依田直也氏が訳者まえがきにて述べていますが(注47)、日本政府がいくつもの調査研究をしています。どうしたことか残念ながら、民間はサボってしまったと思えます。政府機構であってはならないという警告は、経済は民間の英知で動くもの、という常識があるためです。政府が主導して民間経済に指示をあたえるとしたら、それは社会主義経済だということを暗示しているのでしょう(注48)。まさに、敵に塩を送るような大ヒントをくれたのに、うまく生かすことができなかったのは日本自身の問題でしょう。なお、日本側の「働くこと」からこの時代を分析したすぐれた資料(注49)がありますので、こちらもあわせてご覧になると理解が深まるとおもいます。

さて、本論にもどります。以上のように、アメリカでは国家プロジェクトの結論と、ＭＩＴの結論はほとんど同じでした。アメリカは苦しい80年代をとおして、実は、品質の研究をはじめていたのです。それから20年の年月がながれ、ｉＰｏｄが登場します。これは製品なのかソリューションなのかが曖昧な商品です。携帯音楽プレーヤーといえばソニーのウォークマンでした。しかし、ｉＰｏｄは単に録音して持ち運ぶのではなく、ダウンロードして購入するという、まったく別次元の世界を実現したのです。

こうした動きの中で、80年代のアメリカでは、記念碑的な事業がスタートしています。それは、「マルコム・ボルドリッジ国家品質賞」という表彰制度です。レーガン政権で商務長官を務め、国家品質賞創設に尽力しながら思い半ばで事故死してしまったボルドリッジ氏の名前を冠しています。この賞は、毎年、優れた品質を提供する組織に授与されるもので、１９８７年に大統領の署名で決定され、１９８８年から授与が開始されています。[(注50)]

一般に、アメリカ人はさまざまな分野で国家の介入を嫌う傾向が強いのですが、この賞の授賞式はホワイトハウスで、大統領から直接わたされるという極めて格式の高い賞です。アメリカの意気込みが伝わります。そして、レーガン・共和党政権からクリントン政権に替わったとき、民主党のクリントン氏の挙動が注目されたのですが、賞の中止を指示するのではなく、「この賞こそがアメリカ産業を救う」と演説したというエピソードがあります。党派を超えて力強く推進が宣言されました。

お国の権威が大好きな日本に、このような国家的な賞がないのも不思議です。

１９４８年（昭和23年）からはじまる、デミング賞がわが国でもっとも権威ある品質に関する表彰制度です。主催は日本科学技術連盟で、審査委員長は必ず経団連会長ですから、財界で一番の賞ですが、政府は関与していません。賞の名前になっているデミング博士は、アメリカの統計学者で、終戦直後から日本製品の品質管理について統計的手法をつかう指導をしてくれた、わが国産業界の恩人です。

80年代になって、品質がキーになると理解したアメリカでは、一時デミング博士を自国ではなく敵国日本に貢献した「裏切り者」として非難するむきもあったようですが、博士は全米を講演してまわるなどして、品質管理手法の普及に努めています。「品質はコストを上げる」といって相手にしなかったひとびとが、デミング博士を非難するのもアメリカらしいといえばわかりやすいものです。

どうも話が製造業に寄っているように見えるかもしれませんが、そうではありません。マルコム・ボルドリッジ国家品質賞で、あの世界的に有名なザ・リッツ・カールトン・ホテルが１９９２年と99年に２度受賞しているのです。

わたしたちがいま知っている、ザ・リッツ・カールトン・ホテルは、１９８５年にいまの経営会社に買収されているのです。つまり、新生ザ・リッツ・カールトン・ホテルになって7年でマルコム・ボルドリッジ国家品質賞を受賞し、さらにその7年後に再び受賞という快挙をなしとげています。ちなみに、全産業を通じて２度の受賞はザ・リッツ・カールトン・ホテル以外ありませんから、そのすごさがわかります。(注51)

ちなみに、ザ・リッツ・カールトン・ホテルといえば「クレド」という企業の信条などをあらわしたものの社員への浸透がすばらしいと評判ですが、マルコム・ボルドリッジ賞を授章するための評価基準の体系のなかに理念浸透の評価も組み込まれています。(注52)

日本の産業研究という国家プロジェクトからの変化をご理解いただけたでしょうか。

以上から、わたしは、アメリカの産業史は１９８５年が潮目だと思っています。これまで述べたように、ＭＩ

Tの研究やマルコム・ボルドリッジ国家品質賞を経て、思想的に生まれかわったと思うからです。日米産業史比較表（表1－5－1）をごらんください。

日本では、社会経済生産性本部がマルコム・ボルドリッジ国家品質賞を輸入して、日本経営品質賞を1996年に創設しました。(注53)

この日本経営品質賞には、おおいに期待したいと思っています。

90年代のアメリカは、金融大国としての復活が目に付きますが、産業界では「品質大国」への転換がおこなわれていたとかんがえます。これにIT革命が加わって生まれたのがiPodでありiPhoneでしょう。高度な設計や販売、あるいは技術的な権利にまつわる業務はアメリカ本国、実際の製造は世界調達です。知的で目に見えない業務が、最も重要というのはだれにでもわかります。しかも、これは、従来的いい方ならサービス業的部分なのです。つまり、品質を品質たらしめるのは、人間による目に見えない業務、すなわちサービス業的部分がとてつもなく重要だということを強調しておきます。

これこそ、梅棹先生がいう工業が進化した「情報産業」の姿です。

表 1-5-1　日米産業史比較表

日：1951 年　デミング賞（日科技連）
日：1970 年　米国ホテル会計基準をホテルオークラ、帝国ホテルが導入
米：1970 年　イールドマネジメントが航空業界で開始
この頃のアメリカ産業界では、「品質を追求すると莫大なコストが発生するから利益が減少してしまう。だから、品質よりも、大量に生産する方法が重要だ」とされていた。
→「大量生産大量消費」「インフレ時代」
日：高度成長　二度のオイルショックを乗り越え「絶好調」。「JAPAN as No.1」
米：1982 年に国家プロジェクト「日本研究」開始
→ 1985 年に「研究成果」発表。『品質こそ利益の源泉である』
米：1983 年　ザ・リッツ・カールトン現社設立
米：1987 年　マルコム・ボルドリッジ国家品質賞（レーガン政権：大統領より授与）
日：1988 年　スパリゾート・ハワイアンがデミング賞をサービス業初受賞
日：1990 年　バブル経済の頂点
米：1992 年　マルコム・ボルドリッジ国家品質賞をザ・リッツ・カールトンがホテル業で初受賞
日：1995 年　日本経営品質賞創設（マルコム・ボルドリッジ国家品質賞を範として創設）
米：1999 年　ザ・リッツ・カールトンが全業種で二度目の受賞
日：2009 年　スーパーホテルが日本経営品質賞をホテル業界で初受賞

（出所）著者作成。

そして、もう1つ重要なのが、「水平分業」を行おうとしたときも、このサービス業的部分がなくてはできません。他社と協業するというのは、日本的な「下請け」という概念ではありません。「下請け」「孫請け」という概念は、縦系列の「垂直分業」です。これは、事実上、自社直営の発展系になります。垂直分業でも、業務のすりあわせは重要な業務です。しかし、これは部分的で、かなり現場レベルの職人的世界のことになりますし、業務の方向が親会社から下請け、下請けから孫請けと、いわゆる上から下へのながれそのものであることが特徴です。これは、日本の強みだったのですが、日本経済全体が発展するにつれ、人件費を含めたコストが上昇しました。一方、韓国や中国などの東アジアからはじまった経済発展によって、安価なコストでの製造が可能になりました。日本は、系列ごとこれらの国に進出して、垂直分業を守ることに重心をおきました。これが、前掲の「メイド・イン・アメリカ」で指摘された「歴史的に培ってきた強さが障害となる」ことの1つではないかとおもわれます。

水平分業は、企画・設計段階ですりあわせを終えているイメージです。もちろん、互いの立場は同位置にありますから、命令的ではありません。こうしたことを実現するには、かなり頻繁な情報交換が必要でしたが、ITが大きな溝を埋めてしまいました。

「出版業というのは、おそるべき程度に外注によってなりたっている。原稿の執筆はもとより、場合によると、企画、編集、レイアウトも外注である。印刷・製本はもちろんである。出版社は製作過程の管理をするだけで、自社内に、原則として工業生産的要素をもっていない。

そしてそれにかわって、その注文を受注する産業がおびただしく展開している。（中略）

このような産業形態は、しかしほかにもあった。織物業である。京都の西陣では、織り元を中心に、おびただしい受注企業が展開していた。下絵かき、図案家、ジャカート紋紙屋、機織そのものも外注で、織元の仕事は、主として工程管理だけで、内部に工業的施設をもたなかった。その点は出版元に似ている。出版業も織物業も外注産業であり、いわば一種のアセンブリー産業である。(注54)」

ここで確認しておきたいことは、品質のかなめは人間によるサービス業的業務（＝情報産業の要素）であり、ＩＴの活用によって従来の垂直分業ではなく、高度な水平分業という形態が可能になるということです。(注55)

それを実現した巨大な実例が、カジノです。

カジノを「統合型リゾート」（ＩＲ＝Integrated Resort）と呼びます。報道によりますと、日本へ進出を希望するカジノ企業は、５０００億円から１兆円の投資を想定しているのです。(注56)

梅棹先生のいう「情報産業化」を達成した姿の１つが統合型リゾートだといえます。

これをつくったアメリカは、日本とちがって法の制限がなかったからだという議論は当然です。しかし、品質を媒介として、実際につくりあげていることに注目すべきであるとおもいます。

（注43）フィリップ・Ｂ・クロスビー／持田信夫訳（１９７３）『クロスビーの法則』日本生産性本部、小林宏治監訳（１９８０）『クオリティ・マネジメント』日本能率協会、日本能率協会訳（１９８４）『ＱＭ革命』日本能率協会。
（注44）味方守信（１９９５）『マルコム・ボルドリッジ賞の衝撃』日刊工業新聞社、79頁。
（注45）ＭＩＴ産業生産性調査委員会（１９８９）『メイド・イン・アメリカ』（アメリカ再生のための米日欧産業比較）草思社。
（注46）前掲、ＭＩＴ、５-６頁。

（注47）前掲、ＭＩＴ、15頁。
（注48）伊藤元重編財務省財務総合政策研究所編著（２０１３）『日本の国際競争力』中央経済社。最新の良質な日本経済研究プロジェクトと思われるものの、やはり「財務省」という政府機構が中心になるのが日本の特徴。このこと自体が日本の弱みかもしれない。
（注49）山崎憲（２０１４）『「働くこと」を問い直す』岩波新書。
　なお、この本で著者は、大河内一男（１９６６）『これからの労使関係』講談社現代新書、を紹介している。ときの東京大学総長が綴った、日本人の働き方、働かせ方の原点にふれることができる本である。21世紀になった現代にもつうじる「働くこと」にかんする諸問題もしっかり指摘しており、その眼力はさすがである。しかし、それは一方で、この五十年間、日本人は問題を放置したという意味でもある。
（注50）前掲、味方、78頁。
（注51）http://www.nist.gov/baldrige/
（注52）前掲、味方、第４章。
（注53）http://www.jqaward.org/index.html
（注54）前掲、梅棹、２７０頁。初出、『情報の考現学』中央公論１９８８年３月号。
（注55）野口悠紀夫（２０１４）『変わった世界 変わらない日本』講談社現代新書。
（注56）「動き出すカジノ（上）」『日本経済新聞』２０１４年７月９日。

1-6　わたしの「定義」

前節では、80年代におこなった日本研究からの結論、「品質にこそ利益の源泉がある」に気がついたアメリカの取り組みをみてきました。

もうお気づきのかたもあるかとおもいますが、「情報産業」のかんがえ方を世界で最初に提案したのは60年代の栄光のアメリカではなく、日本の梅棹先生でした。品質を重視する経営も、日本はアメリカが気づくよりはるかに早く、終戦直後からなのです。

にもかかわらず、不思議なことに、この「おもてなしの国」発で、世界的なホテルチェーンがないのです。世界最大のホテルチェーンは「ヒルトンホテル・ワールド・ワイド」です。こちらは傘下のホテルが10のブランドで91カ国に４０００軒、67万８０００室という規模です。セントレジスやウエスティン、シェラトンといったブランドで知られる「スターウッド・ホテルズ・アンド・リゾーツ・ワールドワイド」は、１００カ国に１２００軒です。[注57]日本最大級はプリンスホテルでしたが、３つのブランドで35施設です。[注58]現在、ＪＡＬホテルズを買収したオークラグループが国内47軒、海外29軒で合計76軒（開業予定含む）という数で最大級の軒数になっています。[注59]加えて、日本にはビジネスホテル分野に特化したチェーンがあります。最大級のルートイン、東横イン、アパグループがそれぞれ２００軒規模になっており、一部で海外展開がはじまっています。[注60]

「チェーンストア理論」で知られる渥見俊一先生によれば、「チェーン」と呼べるのは２００店を超えてからということですから、[注61]我が国の宿泊産業ではビジネスホテル分野にのみ、ホテルチェーンが存在することになります。しかし、ヒルトンの規模にはとうてい及ばない状態であることは間違いありません。

当然に、規模だけが重要な要素ではありませんが、「おもてなし」の国としては、実に不思議な状態になっているのです。ここで、チェーンストアは主に「小売」や「外食」のことではないか、とお叱りをいただくかもしれませんが、それではヒルトンホテルやスターウッドなどをどう呼ぶのでしょうか？　現実に彼らのグループ内管理手法は、明らかに「チェーンストア」の考え方が背景にあると容易に想像できます。１０００を超える施設を10種類の「ブランド・マネジメント手法」も含め統率するには、チェーンストア理論の応用は不可欠だからです。

するど、ここに重要な疑問でもある仮説が生まれます。

はたして日本における、宿泊産業に属する多く（チェーン化したビジネスホテル群は除く）は、品質を最重視する明確な「運営ノウハウ」を持っているのだろうか？

わたしの少ない経験からの個人的な感想を述べれば、あまり明るい答えにはなりません。それは、事業再生のお手伝いをしているからなおさらです。

そこで、より冷静になって1-3「厳しい現実」でご紹介した、厚生労働省や観光庁による厳しい指摘とかさねますと、薄ら寒いことになるのです。

「お・も・て・な・し」などと浮かれているばあいではないのです。

もっといえば、一度上記の仮説を受け入れて、

「品質を最重視する明確な『運営ノウハウ』を持っていない」とすれば、「おもてなし」という言葉がもつ空虚さがより浮かびあがることでしょう。それは単なる「スローガン」とか精神論における標語でしかないということになります。

ではいったい、何なのか？

「ちゃんと設計」された、「情報産業」であるとあらためて定義すれば、

『「お・も・て・な・し」（の心）のしくみを商品とする産業である』

とわたしはかんがえます。

なんだ、たいして変わらないではないか、といわないでください。「お・も・て・な・し」とか『「お・も・て・な・し」の心』とかでは、精神論になりますから、基本的に業務は個人の資質の問題に帰すことになってしまいます。

「しくみ」というものは、あらかじめ「ちゃんと設計」しなければなりません。場当たり的な、その場その場をこなす、といった仕事のやり方からはすぐに生まれません。もし、長年のうちに自然に出来上がってしまった「しくみ」があるとすれば、一度掘り起こしてみる必要があります。業務上のミスやり直しを発生させる原因までもが組み込まれてしまっている可能性があります。そして、「しくみそのものが商品」ですから、それは「情報」になります。梅棹先生の「情報産業」を思いだしてください。

つまり、お客様をもてなしたい、という気持ちや精神を、あらかじめ情報の要素を高度に組み込んで重ね合わせて造り込むことで、はじめて商品となるものすべてをあつかう商売、ということではないでしょうか。そうすると、「サービス業」とか「宿泊業」という従来の定義が、うすっぺらに思えます。

欧米、特にアメリカにおける巨大ホテルチェーンの中身も、おそらく「サービス業」とか「宿泊業」という概念では説明できないレベルになってしまっているとかんがえると、十分に納得できるのではないかとおもいま

す。その証拠の一部が、ザ・リッツ・カールトンが受賞したマルコム・ボルドリッジ国家品質賞の評価要素にあるとご説明しました。「ホテル」という世界中でかわらない「顔」をしていながら、内部はとっくに「情報産業」に進化しているのです。

ここで、わたしは、「有形」を「静的情報」、「無形」を「動的情報」と呼びたいとおもいます。静的情報には、デザインや建築・設備、料理や飲料、家具調度や食器などなど、そのものとしては動かないけれども、さまざまな情報をもたらすものが対象となるとかんがえます。そして、いわゆる接客サービスなども含めて、人間以外にもつねに活動し変化する情報、たとえばＢＧＭや画像での情報は動的情報としてとらえなおすことで、情報産業としてのみつめなおしができるのではないかとおもうのです。

「ホテルの室料、レストランのカバーチャージなども空間占有料であろうが、その占有権の内容をなすものは、けっきょくは部屋のムードなり、調度類などの感覚情報への期待である。空間性だけの物理的条件ではあるまい。

期待度とはなにか。情報への期待に対して金をはらうからには、その期待を多分みたすであろうという、暗黙の了解が成立していなければならない。」

これを梅棹先生は、「期待産業」[注62]と呼んでいます。

このようにかんがえなおすことで、はじめて、多ブランドをコントロールしていることの意味も理解できます。静的情報と動的情報の提供の仕方のパターン化を通じてしか、一社で多くのブランドをコントロールすることはできません。すると、ホテル業界にとどまらず、数十もの世界的な高級ブランドを統括しているモエ・ヘネシー・ルイ・ヴィトン社[注63]なども、いかに情報産業化したのか興味深い問題です。

一方、わが国のばあいは、残念ながら「サービス業」とか「宿泊業」という枠にとどまって、なかなか「情報産業」に脱皮できない状態にある、とかんがえられるのです。

前に梅棹先生の議論をご紹介しましたが、その梅棹先生が次のようなことを述べています。

「コンピュータリゼーションをもって、情報化ととらえる見かたがある。さらに、コンピューター産業をもって、情報産業ととらえる見かたがある。コンピューターを製造し、販売し、そのソフトを供給し、それをつかって情報処理をする、これを情報産業とよぼうとするのである。通産省系統（傍点筆者）の用語例では、はやくから、この種の情報機器関連の産業を、情報産業とよんできた。今日においても、そのような用語例も存在する。

これはもちろん、情報産業のきわめてせまい解釈である。あるいは、情報産業のもつ可能性の過小評価である。情報産業ははるかに広大な文明史的傾向をさすべきであって、単なる機械工業の一分野であるコンピューター産業に限定されるべきものではなかろう。[注64]」

なるほど、本書の1-3「厳しい現実」でご紹介した、現経済産業省を中心とした政府機関は、あくまでも「サービス業」という枠組みでかんがえていて、それに関係者も同意しているのでしょう。

これが、「おもてなしの国」にサービス産業で世界的企業がない不思議の理由でありましょう。

しかし、やはり優秀なる経産省は、あらたな産業構造をかんがえるにあたり、おおきく変化しようとしています。

「過去の産業構造ビジョンとの差
①自動車産業、情報サービス業といった業種分類から考えない（業種なき産業構造）
②日本の産業構造の変化から考えるのではなく、グローバルな構造変化を見る。（注65）」

「製品もサービスもそこに込められた知識が付加価値を創造する。（知識経済化）
その知識をグローバル化、オープン化のなかで如何に広く取り込むかが勝負。自前の技術と社外の技術、顧客の知識の「掛け算」（新結合）が大きな付加価値を生み、トレンド（標準）を創造する。
これまでの社内、業種内の知識の枠にとらわれない大胆な新結合が必要。→「知識組換え」
こうした知識の組換えと新結合は、製造業に限らず農業、医療、観光、情報サービス、金融を含めたあらゆる分野で、また、大企業か中小企業かを問わず求められている。（注66）」

まだまだ従来の伝統的産業分類に則ってはいますが、梅棹先生の「情報産業化」のことのようです。するとやはり、コンビニエンス・ストア業界や、宅配便業界、ビジネスホテル業界など、海外進出して成功しつつある「サービス業」の共通項が見えてきます。そう、ＩＴ化を土台として「情報産業化」した業界や企業ばかりなのです。

もはや、一刻もはやく、わが国の宿泊産業は「情報産業化」をめざさなくてはならないとかんがえます。

（注57）http://www.hiltonworldwide.com/about/　この他に、スターウッドホテルズ http://www.starwoodhotels.com/corporate/about/index.html　リッツカールトン http://corporate.ritzcarlton.com/ja/Press/FactSheet.htm なども参考になる。

（注58）http://www.princehotels.co.jp/company/

（注59）http://www.jalhotels.com/jp/domestic/　http://www.jalhotels.com/jp/overseas/

（注60）ルートイン http://www.route-inn.co.jp/company/index.html　東横イン http://www.toyoko-inn.co.jp/report.html　アパグループ http://www.apa.co.jp/company/company03.html　この他に、日本経営品質賞を受賞したスーパーホテル http://www.superhotel.co.jp/kaisya_r/company/summary.html などが注目される。

（注61）渥美俊一（２００８）『21世紀のチェーンストア―チェーンストア経営の目的と現状―』実務教育出版、10頁。「欧米における歴史的経験からみれば、そうした画期的な経営的効用が生まれてくるのは、標準化された店舗（正しくは商品提供）が二〇〇店以上出そろってからのことである。つまり、二〇〇店以上を直営するようになって、初めてチェーンストア独特のお値打ちを、国民のくらしに提供することができるのである。そして、それがものすごい効果を発揮してくるのは、やはり五〇〇店を超えてからなのだ。そこまで店数が出そろってこないうちは、さきの統計分類上でチェーンストアといえても、実際の経済的効果のうえではチェーンストアではないことになる。」

（注62）前掲、梅棹、２６２頁、情報の考現学。

（注63）ベルナール・アルノー（Bernard Arnault）、イヴ・メサロヴィッチ（Yves Messarovitch）／杉美春訳（２０００）『ブランド帝国ＬＶＭＨ（モエ ヘネシー・ルイ ヴィトン）を創った男　ベルナール・アルノー、語る』日経ＢＰ社、第三章。

（注64）前掲、梅棹、２９４頁、情報の考現学。

（注65）経済産業省（２００８）『知識組替えの衝撃』（現代の産業構造変化の本質）産業構造審議会基本問題検討小委員会報告書の概要、２頁。

（注66）前掲、経済産業省、42頁。

超辛口コラム3　お金持ちの会

ずいぶん前になるが、お金持ちの会、に呼ばれたことがある。

6人ほどの会だったが、全員が年収一億円以上のひとたちだった。最年少は28歳。最年長は50代半ばで会の最高年収、七億円ということだった。

このひとたちは、全員、経営者である。どういう業種なのか、ひとりひとりの紹介があったが記憶にない。それよりも、このひとたちが語る生活感に興味があったからだ。

まず、プライベートで外国には行ったことがないという。いつ、急に会社から呼び出されるかわからないから、というのが全員共通の理由だった。

休日もまちまちで、予定の空白ができたらそこが休日になるという。そこで、国内旅行になるのだが、すぐに戻れることをかんがえると、どうしても東京近郊から遠くにいけない。機動性を確保するために、交通手段は自動車である。自動車の選択は各自の好みがそれぞれちがっていた。もちろん、ふつうの住宅が道路を走るような価格帯での話題である。

税金はとりあえず横においても、月収1000万円あるとそのへんの高級車は月収内で現金一括決済ができる。だから、注文してからどのくらいで納車になるのかもふくめて、超高級車の話題にはつきないらしい。

そして行き先。たいがいは「いつもの」宿になってしまう。ひとり一泊30万円なので、夫婦で60万円になるそうだ。こういうところに一度いくと、ほかにはいけない。お金持ちのネットワークだけがしる宿だそうで、旅行代理店にももちろんマスコミにも登場することはない。

だから、「都心のホテルは安すぎる」とは全員の声だった。一泊20万円ほどである有名ホテルのスイートルームに宿泊したことがあるが、景色は自宅のマンションからの方がよく、家具調度も安っぽい。これではなんのためにお金を出しているのかわからない。

つまり、料金も安いが、いちばん気に入らないのは自宅以下の空間だというのだ。

以前、自宅があるテレビドラマの中でつかうマンションの候補になった。下調べで部屋の中の映像をとりにきたので、てっきり採用かとおもったら、生活感があまりにもないので制作会議でボツになったと笑っている。当然だが、これらのひとたちの奥方も現役の経営者である。夫婦で別々の企業オーナーは、「じつは家内の方が年収もおおい」。だから、家のことはお手伝いさんにまかせている。

「わたしは蕎麦が好きで」とはなしだしたひとは、自宅では蕎麦の出前をよくとるそうだ。蕎麦職人が自宅のキッチンで蕎麦を打つ。粉は挽き立て。まずいはずはない。すると、同様に寿司の出前のはなしになった。銀座の高級店にいけばひとり五万円はする。自宅によんで握ってもらうと3万円だが、冷蔵庫やホームワイナリーにあるすきな飲み物が自由に飲めて、タクシー代の心配もない。接待でもその意外性がよろこばれるから、圧倒的に自宅で握り寿司を楽しむ方が安くすむという。「～より安い！」という話題に、全員が「われわれって地味でしょ。青木さん。」と笑っている。

昔からの「ホテルが提供する非日常」という価値は、このひとたちからすると「それってなに？」なのである。

ホテル・旅館が、みずから提供する価値を見直す必要がここにもある。

2　サービス品質

2-1　プロとしてかんがえる

「情報産業」をささえるのは、絶対的に「ひと」の問題になります。「情報」を「情報」として扱えるのは「ひと」だけだからです。コンピューターは道具にすぎません。コンピューターが発達して、どんなに膨大なビッグデータを扱っても、しょせん「ひと」が定義し命令した計算しかしないのです。

そこで、「ひと」についてあらためてかんがえてみましょう。

不思議なもので、「うちの従業員のなかにサービス業の資質に欠けるひとがいる」とボヤく経営者の方がたまに居られます。なぜ不思議かといえば、採用のときにどうしたのだろうと疑問がわくからです。そんなこと言っても、なかなか応募がないから来た人を採用してしまうのだ、というのが大概の理由です。地方の小さな宿では、親戚や近所のひとが従業員であることもよくあることです。ですから、「選べない」ということになります。

それでは、採用後の教育はどうしたのかというと、これも現場は忙しくてなかなかちゃんとした研修ができないのが実情だというお答えがくるのです。なるほど、と思います。

そうすると、入社後、ちゃんと社内教育を受けていないのに接客して、それで失敗が繰り返されると資質がないと判断していることになります。その従業員本人は、自分がおこなう「おもてなし」とはなにかがはっきりわかっていないということがあっても不思議ではありません。まじめで不器用な方がこうした問題の対象になるようです。

同僚の皆さんも、またか、のような見方になりますからその本人の味方ではありません。これはどういう事情からかと言えば、自分のいまの仕事のやりかたをかえたくないということの現れともいえます。これも、なるほど、と思います。

このような状態の職場は、ギスギスしているわけではありませんが、どこか風通しの悪い状態が予想され、従業員のひとりひとりは「言われたとおり仕事をこなせば、帰宅する」ということが毎日機械的に繰り返されていることと思われます。

人間は遊んで暮らしていたいから、仕事＝労働は楽な方がいい。

うちの従業員は、こう思っているに違いない、とかんがえる経営者は意外と多いです。だから、ちゃんと見ていないと何をしでかすか心配で、細かいところまで指示をしがちです。これをわたしは勝手に「お局様オリエンテッド（至上主義）な職場環境」と呼んでいます。

さらに女将制度が悪いわけではありませんが、わたしの仕事上、女将を頂点にした硬直的な組織を見る機会がなぜか多いです。よく様子をうかがうと、女将自身もちゃんと教育を受けた経験がありません。すると、自己流のマネジメントが、いつの間にか時間の経過の中で形成されて、長年のうちに自然に出来上がってしまった「しくみ」であることになってしまいます。

けれども、このいい方は全国の女将さんに失礼になると承知しています。この国の歴史で、ちゃんと女将を教育する時間と空間がどこにあったというのでしょう？　ですから、過去は過去として、将来をどうするのかに重心があるとしてお読みください。伝統的な「サービス業」とか「宿泊業」という枠のなかだけでの発想による、ある種の犠牲者といってもよいとかんがえています。つまり、今後のあるべき「女将像」とは、やはり情報産業としてのあるべき司令塔を描くものになります。

ところで、宿の現場にいきますと、自分たちの仕事を「ビジネス」だと認識しているひとは、これまた少ないのが実態でしょう。業務内容が、家庭の日常的家事の延長線にあるような部分がおおいからか？　といえばそうではなく、「ビジネス」という単語の音の響きにどこか違和感があるようです。

「仕事」ではあっても、「ビジネス」と感じないのは、「ビジネス」というとスーツを着て、パソコンを持ち歩きながら、なにごとか高度な仕事をしているというイメージが強いからのようです。

わたしは、現場のひとを対象にするときほど、「わたしたちのビジネス」といういい方をするように意識しています。不思議ですが、そうすると皆さんの反応がよくなります。仕事をこなしている毎日から、ビジネスをしている自分を想像することで、自然に背筋が伸びるようです。

宿事業における「仕事」や「業務」あるいは「作業」を「ビジネス」と言い換えることで、プロ意識が刺激されるというのがあるようです。

「プロとしてかんがえる」というテーマでの業務内容の見直しというプロセスが、個人の資質に帰属してしまっている状態からの脱却の第一歩です。

単なる精神論に見えるかもしれませんが、そうではありません。「言葉」は「精神」を表現したものですから、

「用語」を変えると精神からくる「気分」も変わるのです。

個人の資質が問われる職場のような組織の特徴の一つに、「うちの料理はおいしい症候群」というものがあります。

とかくまじめな旅館の従業員さんたちは、経営者も含め、他社をよく知りません。たとえば、温泉地であれば、その地域の同業を泊まり歩いているという話をほとんど聞いたことがありません。また、多くが年中無休をモットーとしていますから、まとまった休みがないので、国内旅行の経験も少ないのが実態です。

最近、繁盛の宿の特徴に、休館日を計画的に設けて、他社見学に行くことがありますが、残念ながら、窮乏化している宿で、このようなことも知らない事例も散見します。

比較対象をほとんど持たずに、「うちの料理はおいしい」と言えるのは、お客様の言葉をそのまま鵜呑みにしているのと、調理場に気を遣っているということの二つの点で理由になります。しかし、本当の理由はこれらではありません。組織が硬直化しているために、余計なことは考えたくないのです。つまり、組織的「思考停止」という事態に陥っていることが、経営上最も悪い状態といえます。

こうなると、さまざまな症状が連鎖的に出てきます。その典型が、サービスをつねにつけ足す（足し算をしたがる）というものです。

分かりやすく言えば、ないものをほしがる傾向が強くなります。これに、横並びの発想が加わって、恐るべきムダな投資が実行されます。横並びの発想とは、競合と一緒になることで安心する不思議な心理です。「競争の戦略」で有名なマイケル・ポーター教授（注1）が見たら、卒倒してしまうかもしれません。いかに違いを出すかが教授のテーマですが、いかに横並びで特徴を消すかが従来の常識なのですから。

かつて、人々は高度成長期、三種の神器と言われた家電製品(注2)を、近所と競って購入しました。これと同じように、近隣施設がたとえば宴会場を新設すれば自社も、露天風呂を新設すれば自社も、さらに客室を改修すれば自社も、といった投資をすることを指します。うまくないのは、経済成長や人口増加が止まっても、こうした横並びで、足し算の投資が続いたことです。前章でご紹介した、厚生労働省「旅館業の振興指針」は、この問題を指摘しているといってよいでしょう。もう一度、ちょっとだけ引用してみましょう。

「景気の低迷等社会的環境の変化を読み切れず、大型旅館や老舗旅館の廃業が加速している。」

読み切れなかったのは、投資したのに、数量も単価も稼働も伸びないということです。これが、わたしがよく目にする、「まじめ」だけれども、「まじめ」ゆえに硬直化した組織で発生している悲劇です。

従業員の資質を問う組織を深掘りしたら、廃業の危機にまで話が進みました。決してこじつけではありません。「組織は有機的結合体である」(注3)と言われるように、生物のごとく繋がっています。ですから、それはそれ、これはこれ、ということはありません。それでは話が分裂してしまいます。重要なのは、優先順位をつけることです。

事業拡大には投資が欠かせません。そもそも、起業するときに、元手である資本がなければなにもできません。その資本を投じて、事業を始めますから、投資、になります。ですから、事業を拡大するときにも投資が必要です。そこで、何に投資するのか？というのが問題になります。

前章で、有形と無形について触れました。有形財と無形財という言い方もあります。これを、あえて本書では、有形財＝静的情報、無形財＝動的情報と再定義してみました。

あらゆる産業は、この組み合わせでできています。たとえば、農業はどうでしょう？ 春に種を蒔けば、すべての農産物が生産できると考える人はいないでしょう。この種はいつ頃、これはいつ頃、とそれぞれの種類でそれぞれの種まき時期、育て方があります。この育て方を知らなければ農業はできません。育て方は無形財＝動的情報です。漁業も、どの時期のどの海域に、どのくらいの魚がいる、という経験値から得られる情報は、現場で魚群探知機から得られる情報よりも重要です。当然に、この情報が無形財＝動的情報です。

料理のレシピには著作権がありません。そこに書かれている食材を、どのように加工処理するのかにこそ、料理人の技術が光るのです。この技術が無形財＝動的情報です。

そうはいっても、農家もトラクターやコンバインなどの機械がないとできません。漁業は漁船や港がなければなりません。料理人も道具だけでなく、厨房設備がなければ仕事になりません。これらは有形財＝静的情報です。最先端の産業でも、有形財＝静的情報と無形財＝動的情報の組み合わせがなければ成り立ちません。

したがって、どの「財」＝「情報」に対して投資するのか？ の優先順位をいかにうまく考えるかが、結果の成否を決めることになります。この組み合わせを高度に発達させたのが、「情報産業」だったことを想い出しましょう。ですから、将来、農業や漁業が消滅するのではありません。それぞれが進化して情報産業化するというイメージです。

「情報」を扱うのは「ひと」でした。

情報産業化をめざすことは、その組織が進化するために必要な「情報」を扱える「ひと」を育てなければなりません。

組織がなにもしないで、その組織の構成員である「ひと」が、組織が求める望ましい方向に勝手に育つということを期待するとすれば、それはかなり楽観的にすぎます。むしろ、ほとんど不可能に近いでしょう。

したがって、このことを裏返すと、「個人の資質」に問題の原因を求める組織が「情報産業化」を達成することは、ほとんど不可能であるといえるのです。

ですから、長い時間の積み重ねを情報の積み重ねとかんがえたとき、「ひと」の人生における情報量と質を向上させる方策をとれば情報産業化への進化の道がひらけ、そうでなければ困窮化の道へとつづくのです。

すると、困窮化の道とは、慢性病にも似たイメージになります。これは、再生の現場で実際にあることとおなじです。

会社は突然破たんするのではありません。わたしの経験では、10年から15年という長い時間をかけてゆっくりと、その日をむかえるのです。これは破たんした会社のほぼ全部にあてはまるとおもいます。そこで、残った幹部のみなさんにインタビューしますと、変化について鈍感になっている傾向がつよいことも共通しています。

「何かおかしい」「これまでと違う」「客層が変わった」、といった感想はみなさんが持たれています（図2-1-1「よくある坂道のアプローチ」）。しかし、その中身のチェックを具体的におこなったはなしがでてきません。

これはどういうことでしょう？

じつは、だれでも知っている、「売上の公式＝客数×単価」を頭では知っているのですが、手を動かす習慣化がされていないのです。たとえば、客数の減少についてその対象客の分析として、常連客なのか？ 一見客なのか？ あるいは団体なのか？ 同様に、客単価の減少であればどの客層に著しいのか？ それぞれに地理的なセグメント、人口的セグメント、あるいは心理的セグメントとかの分類ごとの分析がほぼされていないのです。

大手ホテルのかたは以上を読まれて「そんなばかな」とおもわれるでしょう。中小の宿ではたらいているひとの能力が極端に劣っているということでもないのです。

では、このようなことになる原因はなにか？

わたしの経験では、残念ながら「旅館システム」とよばれるコンピュータ・プログラムの問題にいきあたるのです。しかし、そのプログラムを購入したのは宿の判断です。ここに、深刻な問題があらわれます。ほんとうに不思議ですが、業績のよい宿はしっかりした優秀なシステムを使っています。

選定基準がなんだったのか？　破たんした会社では、経営陣が責任をとって退陣されているケースが多く、なかなか直接にきけないないのですが、セールス・トークで決めたというような状況が多いようにおもえます。

つまり、自社として「なにがしたい」という要求がなかったということなのです。残った幹部の方にきいてもおおよそ

図2-1-1　よくある坂道のアプローチ

実は、過去10年~15年という長い時間をかけて「破綻」している

→ 慢性的なので、本人たちは「まずい」と感じているが、改善できずに過ごしている。

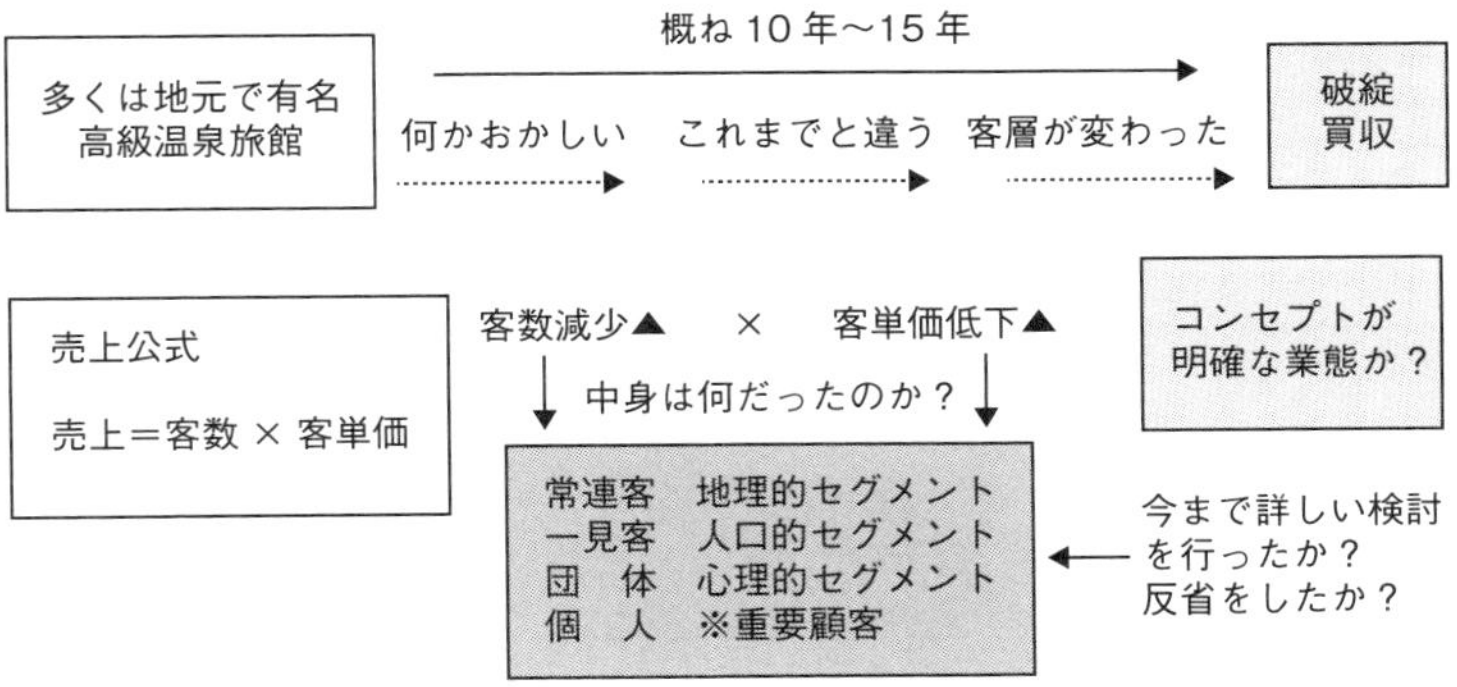

（出所）　著者作成。

確認できます。フロントシステムにはなにが必要か？という要求がなければ、価格の安いものが優先されるのが当然です。もちろん、安かろう悪かろうということは一概にいえないものですが、選定基準がそもそもなければ残念な買い物になってもしかたありません。

そして、多くの中小旅館では、売上のブレーク・ダウンといわれる機能のないシステムが使われています。これは、たとえば一泊二食付きで１万２０００円の商品であれば、部屋代売上４０００円、夕食代５０００円、朝食代１５００円、入浴代１０００円、その他５００円、のように分解することをいいます。分解すると、原価のかんがえ方がわかりやすくなります。そして、管理会計として自社独自会計を導入すると、それぞれの売上項目に対して原価を割り当てることができます（表２－１－１「売上のブレーク・ダウン・イメージ」）。

部屋代売上に対して、一部屋当たりの清掃代、リネン代、茶菓子代などの「原価」を計上できます。夕食と朝食の売り上げを分けることで、それぞれの原価を入れると細かな管理が可能になります。入浴代は入湯税ではありません。日帰り入浴で売上が立つのに、宿泊になると無料というのはげせません。シャンプーなどの消耗品を原価に加えるのは当然として、浴場設備の修繕積立のイメージを加えてもよいのではないでしょうか。とかく水回りは手を加えるとなると高額投資になります。この原資を積み立てるイメージを持つことは意外と重要です。こう

表 2-1-1　売上のブレーク・ダウン・イメージ

（円）

	合計	部屋代	夕食代	朝食代	入浴代	その他
売上高計	12,000	4,000	5,000	1,500	1,000	500
原価計	2,900	1,000	1,250	300	250	100
設定原価率			25%	20%		
消耗品代		800			200	
その他		200			50	100
売上総利益	9,100	3,000	3,750	1,200	750	400
粗利率	76%	75%	75%	80%	75%	80%

（出所）　著者作成。

してつくった、商品ごとの表を集計すると、売上総利益でどの程度になるかが把握できます。もちろん、「積立金」部分は別にしてあげます。

ブレーク・ダウンがない状態だと、勘にたよる状態からの脱却はむずかしいでしょう。上記が商品別とすれば、顧客別なども将来をかんがえるうえで重要な情報になります。結局、おおくの宿では、この段階でこまかいデータの蓄積ができないシステムになっていますから、「何かおかしい」という異変に気づくのも「勘」になります。これでは有効な対策がなかなかとれません。こうして、その日を迎えるのです。

このように、売上のブレーク・ダウンは必要な機能ですが、だからといってこの機能があれば解決ではありません。どのような事業イメージをえがき、そのためにはどのような情報が必要なのかの検討と勉強が先です。なにもわざわざ大御所ドラッカーをもちだすまでもありませんが、ドラッカー入門で有名な「プロフェッショナルの条件」[注4]、に以下の指摘があります。

「二五〇年前に始まった知識における意味の変化が、再び社会と経済を大きく変えつつある。今や正規の教育によって得られる知識が、個人の、そして経済活動の中心的な資源である。今日では、知識だけが意味ある資源である。（中略）つまるところ、成果を生み出すために、既存の知識をいかに有効に適用するかを知るための知識がマネジメントである。しかも今日、知識は、「いかなる新しい知識が必要か」「その知識は可能か」「その知識を効果的にするためには何が必要か」を明らかにするうえでさえ、意識的かつ体系的に適用されるようになっている。知識はイノベーションにも不可欠である。」

ここでも梅棹先生のいう「情報産業」をおもいださせてくれます。要は、現場でのさまざまな経験を本人の「体験」にとどめるのではなくて、「職場や企業の『知識』」として記憶し、活用することをかんがえなければいけないという単純なはなしなのです。そして、これを実行する方法もかんがえるのが「プロフェッショナル」なのです。

「プロ」スポーツ選手が、自分の身体能力を鍛えるトレーニングを実行するにあたり、いかなる知識を導入しているのでしょうか？「自己流」というひとは一部の天才以外いないのではないでしょうか？個人競技であっても、所属団体から派遣されるコーチによって指導を受けたりします。これは、個人の問題ではなくチームや団体、企業が組織的に研究した結果です。つまり、いかに効果的に鍛え試合に勝つか？ということの知識の実践になります。

このように、どんな場面でも知識が活用されているのです。

わたしは、劣悪な旅館システムが悪いとはかんがえていません。むしろ、劣悪なシステムを業界あげて、好んで購入してきたことが問題だとおもっています。しかし、これも、急激な経済成長下における団体客中心の「サービス業」段階の名残りだとかんじています。情報産業に進化するには、避けてとおることのできないプロとしての検討事項でありましょう。

（注1）マイケル・ポーター（Michael Porter）（１９９５）『競争の戦略』ダイヤモンド社。

（注2）高度成長期の三種の神器とは、カラーテレビ、クーラー、自家用車（ＣＡＲ）の3Cを指す。戦後の１９５０年代の三種の神器は、白黒テレビ、洗濯機、冷蔵庫であった。

（注3）チェスター・アーヴィング・バーナード(Chester Irving Barnard, 1886-1961)は、「バーナード革命」を引き起こしたとも

いわれる『経営者の役割』（1938）の著者。

（注4）ピーター・F・ドラッカー（Peter F. Drucker）／上田惇生編訳（2000）『プロフェッショナルの条件―はじめて読むドラッカー【自己実現編】いかに成果をあげ、成長するか―』ダイヤモンド社、24頁。

超辛口コラム4　お「笑い」朝食会場

おおきな宿で、どうしてこうなったのか？　とおもうことの典型が朝食時にみることができる。それも「バイキング[注]」方式のことがおおい。

①トレイを配る係、②ご飯をよそう係、③みそ汁をよそう係、④コーヒーをいれる係などの分業体制が、じつに硬直的なのだ。役所のことが笑えないほどに各自が持ち場をはなれることはない。

パートタイマーさんの人件費は、おおよそ200万円から250万円だから、4人で年間1000万円かかる。これに、下げものの係と調理人が加わるから、なかなかの豪華スタッフ体制になっている。

「原価コントロールはちゃんとしています」と胸をはるのもだいたいおなじ。

本文でも触れたように、どうして「原価＝食材費」だけなのか？　おそらく、売上のブレークダウンをしていないので、朝食食材原価／総売上、という計算式だろう。さらに、夕食分も分けられないので、食材原価／総売上、という可能性もあって、なにをもって「ちゃんとしている」のだろう。

これでどうやって「コントロール」できるのか、わたしにはその方法がどういうものかよくわからない。わかることは「わかりっこない」ということだ。

冒頭の、専門係のかたがたの雇用の問題はさておいて、年間1000万円を食材原価に加算すると、どういう内容になるのかが興味だ。

ところで、ビジネスホテルの朝食内容が大きく変化した。いまや、「朝食無料」という表現でも、意外にちゃんとした内容になっている。さらに、ケータリング・サービスを受けていて、自社調理をしないこともまれではない。ビジネスとして、ダイナミックな分業化である。

旅館のみなさんはいそがしく、休みも少なく、まじめに働いているから、なかなかビジネスホテルに宿泊することもないだろう。最近では、観光地でも駅前にビジネスホテルが林立している。

これはすでに、旅館の地域競合に、新築ビジネスホテルがはいっていることを意味する。だから、ビジネスホテルがどんなところか、しっかり体験しておくことの重要さはいうまでもないのだが、近所の競合にも体験宿泊などしたことがないから、なにをみてくればよいのかもわからないことがある。

日本のビジネスホテルチェーンの特徴は、不動産業界からの参入であることがあげられる。

不動産業界は、㎡単価と投資利回りのかんがえかたでなりたっている。㎡単価は、近隣の賃貸物件の月額家賃と比較すればよい。投資利回りは、本文ですこし触れたように、複利のかんがえかたが基本だ。簡単にいえば、借入金利と利回りの差が利益になるということだ。駅前一等地に建設できるのは、不動産オーナーにたいして、利回り保証などの条件を提示しているからだ。このような提案力の技をもつ旅館はきわめて少数だというのもこの国の旅館ビジネスの実態である。破たんして、投資家に買われるときにはじめて知るかんがえ方だというのは、わるい冗談ではない。

日本旅館のばあい、㎡単価でも近隣との比較をしていることはすくない。重要な指標になるから定期的に近所の不動産屋さんと情報交換をすることをおすすめしたい。

（注）　帝国ホテルの登録商標である。商標登録番号第５６９２１４号。http://www2.ipdl.inpit.go.jp/beginner_tm/TM_DETAIL_FRAME.cgi?1&1&1410434442183138

2-2　うまい働き方

あなたはゴルフを楽しんでいる人でしょうか？

来月、取引先から接待ゴルフに招待されているとしたら、なんだかウキウキしませんか？　えっ、嫌ですか？

まぁまぁ、ちょっと想像を膨らませてみてください。それでは、接待ゴルフですごく楽しかったと頭に浮かべてみるとどうでしょう？

接待ゴルフが楽しいのは、ゴルフの楽しさを知っている人が接待してくれるからと思いませんか？

ゴルフをしない読者の方は、別の場面で似たような経験を想像してみてください。

おもしろいことに、接待してくれる側の人がすごく楽しそうではありませんか？

今度は、逆の立場で、あなたが接待する側だとしたらどうでしょう？

すごく楽しいですか？　あるいは、すごく楽しかったことが何度かありませんか？

接待をする側だから、いろいろ気を遣うのに、サービスしていて気持ちいい、なんて経験、いかがでしょう？ありませんか？

繁盛している事業では、接客要員の従業員がよく経験する話です。

山形新幹線に車内販売のカリスマと呼ばれる方が乗務されていました。わたしも三回出会ったことがあります。斉藤泉さん（注5）という方で、マスコミでも有名になられました。乗務三十分前には必ずプラットホームに出て、その日の天候、気温、湿度を感じ取り、乗車前のお客様の様子や手荷物（お土産）などをさり気なく観察し、それからワゴンに商品を組んでいくそうです。そして、車内販売としては驚異的な売り上げ記録を樹立されています。わたしも、なんだかたくさん買ってしまいましたが、すごく気持ちの良い買い物ができて満足でした。彼女の応対は大変参考になりました。

接待ゴルフと一緒にしてしまい、大変失礼なのですが、この二つの事例には共通点があるのです。

それは、アドリブとノープランはちがう、ということです。

梅棹先生の言う「ちゃんと設計」されていることが重要なのです。

接待ゴルフの場合、おそらくその方はいろいろと事前にこちらを調べ、当日の計画を練っているはずです。斉藤さんの場合は、前述の通り、一通りのリサーチをしてからワゴンに商品を組むということをしています。つまり、ちゃんと設計した＝シナリオがある上でのアドリブなのです。だから、お客様との対応がうまくいくのです。

勝手ながら、わたしはどうしてここまでできるのかを資質の問題にしないで考えてみました。私自身もホテルのフロントマン経験者です。そこで出た答えは、「つぼにはまってくれるとうれしい」でした。今日はどんな作戦でいくのか？とか、このお客様にはこんなセリフを言ってみようとか、いろいろ事前に考えていると、だんだんお客様がわたしの「つぼ」にはまってくれます。こちらが意識した方向に、勝手にお客様が喜んで行くのです。こんな楽しいことはありません。

マーケティング世界で、超大物のレビット教授は、「サービスの問題は『心の姿勢』に帰せられるのか」という議論で、

「サービスを提供する側——サービス業であれ、メーカーや小売業における顧客サービス部門であれ——の問題は、大昔の前産業時代の発想にとらわれていることである。さらに困ったことに、それをかたくなに守って放さないため、合理主義を自称する人の頭脳までもがマヒしかねない。「サービス」という言葉を耳にすると、個人的奉仕という昔からの色あせたイメージが浮かんでくる。サービスは、ある個人が他の個人のために奉仕をする行為だとされており、慈愛や義侠心、自己犠牲、または服従や隷属、抑圧といった、昔ながらの連想が浮かんでくる。

この意味からすると、人は自分がそうしたいがためにサービスをする（牧師や政治家のように）か、ほかから強制されているがためにサービスする（ウェイター、メード、ベルボーイ、掃除婦のように）。教会や軍隊のような、どちらかというと社会的地位が高いサービス業においては、非合理的に、決められたとおり儀式的に行動することが多い。そうでないサービス業では、顧客に対する服従が求められる。（中略）

これは今日でも変わらない。昔の主人は労働を鼓舞するために神の意志か親方のムチを利用したのに、現代の産業社会ではトレーニング・プログラムやモラール向上セミナーを利用する。長い年月を経たのに、サービス向上の方法も、その成果もほとんど進歩していない。つまり、サービスは人間の努力が中心に考えられるため、失敗の原因がみな個人の心の姿勢に帰せられてしまっているのだ。（注6）」

と言っています。

「失敗の原因がみな個人の心の姿勢に帰せられてしまっている」

いまでも、じっさいによくあることです。

その根底に、「サービスは人間の努力が中心に考えられ」ているからだという指摘が１９７２年（昭和47年）、つまり40年以上前にいわれているのです。この時点で、「大昔の前産業時代の発想にとらわれている」というのですから、わたしたちはなにを「努力し」「進化」させてきたのか？ いまいちどよくかんがえることが必要だとおもいます。

もちろん、これは、働き方や働かせ方の問題として重要です。

すべての産業が、「ひと」をなくしては存在も発展もできません。だから、「いかにうまく働かせるか？」という目線はふるくからあります。しかし、その「ひと」をもって「ひと」に直接対応し、それそのものが「商品」になる「サービス業」（ここではあえて従来型の言いかたです）という分野での重みは、たんに「労働」というレベルでよいのか？という問題になるのは当然でありましょう。そこで登場するのが「感情労働[注7]」というかんがえかたでした。

感情労働の軽減をいかにするかというのは、他人と接する職業の特質としてかなり以前から課題とされています。ことは単純ではありませんが、自らが主体的に関わっている実感があるということが非常に重要なことだと思います。つまり、感情労働を略して「情働」から自分で提案したことだから納得して働く「理働」（理屈ではなく理性で働く）への誘導をいかに組織的にマネジメントできるかが問われているとも言えましょう。「働かせる」という目線から、「働き方」の目線への転換です。

これは、「うまい働かせ方」です。しかし、ここでも、個人の資質ではなく、組織として全員が同じレベルでおこなえるように「マネジメントする」ことが重要なのです。レビット先生が指摘したような状態は、経営者からの命令と、お客様への服従という二重のカセがはめられたようなもので、決して働くひとの主体的実感が伴うものではないでしょう。

このような古めかしい状態を保つために「マネジメントする」のであれば、それは、顧客に対する服従を昔から変わらず求めている頑迷な経営者だということになるのです。

そこで、企業内の活動は、どういった仕組みで成立しているのか？という疑問に突きあたります。この仕組みの問題について、かなり早い時期に気がついた人がいます。それが、バーナード理論で有名なチェスター・バーナードです。(注8)

「バーナードの人間論、協働論、組織論、管理論はそれぞれに新しい。そして彼の組織と管理の理論は、「人間の顔をした」、人間尊重の経営学であり、対立よりは協働、協調の哲学を重視する経営学である。（中略）

「個人がいるから組織が生まれ、かく成立した組織が個人と対立する。」「上から下へ」の伝統的組織論は、前半部分（個人がいるから組織が生まれ：（　）内著者）を無視する。組織ないし組織構造が優先して、個人がなぜ組織を作るのかの部分の説明はない。バーナード理論は「下から上へ」の組織論であり、なおかつ後半部分（組織が個人と対立する：（　）内著者）の説明も可能である。個人の組織化とともに、組織構造の人間化がなされている。バーナードは組織を「二人以上の人々の、意識的に調整された活動または諸力のシステム」と定義する。今日では組織といえば、バーナードの定義するような組織を意味する。それは、従来の仕事中心の組織構造論ではなく、「人間行動のシステム」として人間中心的、システム論的なものである。(注9)」

多民族多人種の欧米では、働き方や働かせ方につながる問題は早くから研究されています。バーナードが『経営者の役割』を発表したのは１９３８年（昭和13年）ですし、十年後の１９４８年（昭和23年）には『組織と管理』を出版しています。昭和13年といえば、日本では国家総動員法が施行された年です。

以上の書籍で共通しているのは、従業員は人間であり、その人間が働くには、いかに納得するかにかかっているということです。つまり、「その気になってもらう」ことなのです。納得して働くということは、黙っていても効率的になりますから、生産性が上がり、企業に利益ができるから分配もでき、結局、本人も幸せになれるという循環の大本になります。

一般的な話ですが、よく言われた日本の強みに「集団主義」がありましたし、そこでは共通言語としての日本語や共通の日本文化を持つことなどもありました。一方、欧米は多民族なので、言語や民族文化はバラバラでも、キリスト教が共通要素として語られていました。そして、日本的経営の最たるものとして、年功序列の人事制度と終身雇用が取り上げられていました。社内はあうんの呼吸で、経営者も社員も一体の家族主義が普通でした。ですから、従来、あまり社内コミュニケーションの重要性やその方法が語られることは少なくて済んだ、ということがあります。これは明らかに日本の強みとされてきたことです。いちいち説明しなくて済む、というのは、大変な手間を省けることになるからです。

単一的な価値観の時代は、当時の日本的な「集団主義」が威力を発揮したのに、豊かになって、個々の価値観が多様化すると、なかなか「あうんの呼吸」ということが通じなくなってきました。このあたりも、先にご紹介した『メイド・イン・アメリカ』（アメリカ再生のための米日欧産業比較）で指摘された、強みが弱みに変わってしまうということの実際の例のように思えます。そして、アメリカがバーナード以来ずっとうけついで「働き方や、働かせ方」を研究してきたことが、80年代の「品質」に出会って、いよいよその本領を発揮し出したように思えるのです。

日本企業の多くは、内部昇格者によって経営されていることが多いですから、自分が入社して以来の企業文化や企業のなかの仕組みについて理解している方が多いのも特徴です。

欧米には「経営」の専門家として各社を渡り歩く層がありますから、その専門度合いも異なるのですが、自社の中にずっといたからといって、本質的な業務に詳しいとは限らないのもまた現実です。

また、中小企業、なかでも同族経営の会社の場合、後継者が突然指名される場合もあって、自社の活動状況をよく知らずに経営を任されるということも少なくありません。

このように、規模の大小にかかわらず、日本の場合は「企業文化」として仕事のやり方が継承される一方、それがどのような意味を持つのかといった深い洞察をする必要がない環境にあります。

わたしたちは、いまだに、組織によって個人が圧迫されることを「仕方がない」と思いこんでいるような気がいたします。ましてや、高度成長期には、組織のために自己を犠牲にするのは当然という考え方もあったように思います。これが、ロングテール状態となって現代に続いているとすると、どこかに大きな間違いがあります。働く側からだけでなく、働かせる側こそが、この風潮によって助かってきたでしょう。経営に甘えの構造があるとすれば、この感覚こそが甘えだと指摘できます。

さて、前述したバーナードによる組織の定義には、重要なことがサラッと書かれています。分解してみましょう。

「二人以上の人々の」
「意識的に調整された活動」

「または諸力のシステム」

「諸力のシステム」というのがポイントです。先の引用の最後にあるように、システム論的なものです。

組織はシステムである、というのはなんと新しいことでしょう。つまり、バーナードがいう組織を組織として動かすには、システムとして考えなければならないということです。仕事中心の組織構造論では、上からの命令ということになります。つまり、上意下達が主な手段として考えられ、実行されるパターンです。

わたしが再生で関わった企業の多くは、圧倒的に従来型の仕事中心組織でした。そうすると、驚くべきことに、70年以上前にバーナードが提示した組織が、多くの日本企業には現在もあてはまらないということになります。これが、バーナードが「新しい」といわれる理由だとすると、それは日本企業が「古すぎる」ということとイコールになります。

バブル崩壊後の日本経済は、過去の栄光からすると見る影もないといわれて久しいですが、戦後の成長は戦前から続く、ある意味従来型組織における馬力勝負で勝ったパターンだとすると、「知価社会」(注10)といわれる現代で、業績が芳しくないのは、ものづくりの現場が問題なのではなく、システムとして人を組織化できないことが原因ではないかと思うのです。

業績が思うようにならない場合、その原因を探ることは大変重要なことなのですが、数字に頼りすぎるのもいけません。数字とは、主に損益計算書のことです。

実際に、数字になるのは、なんらかの活動の結果になりますから、そのなんらかの活動のなかに真の原因があるのです。ここは重要です。

たとえば、人件費が高い、ということが問題になったとします。一般的には、単価の高い正社員の数を減らして、パートやアルバイトなどの非正規雇用に転換させたり、残業代を減らすために、早帰りの日をつくったり、昇級や昇格を遅らせたり、退職金制度を変更したりする施策が採用されます。この施策自体を否定するものではありませんが、これらの施策の前提として、企業内活動の把握がいかになされているか？　ということを承知していることがきわめて重要です。

自社の活動の把握をしていない、あるいは把握できていないと考える経営者や管理者は少ないでしょうが、いまいちど謙虚に、そして冷静に見回してみるといかがでしょうか？

もちろん、従業員の一挙手一投足を把握することは不可能です。また、業務の中身については部下に権限を委譲している、だから全部の把握は無理だという声もありましょう。それにしても、自信を持って把握できていると答えられるひとの方が少ないのではないでしょうか？

さあ、こうしてみると、先に例で挙げた、人件費が高い、ということが問題になったとしたときの一般的な施策、すなわち、単価の高い正社員の数を減らして、パートやアルバイトなどの非正規雇用に転換させたり、残業代を減らすために、早帰りの日をつくったり、昇級や昇格を遅らせたり、退職金制度を変更したりする施策が採用されることは、従来型の仕事中心組織だからだと考えることができます。バーナード流でかんがえたとき、人件費が高い、ことを克服する手段の一つとして、新入社員をこれまで以上のスピードで「一人前に育てる」という方法があります。たとえば、10年かかっていたものを5年にすれば、後半の5年間はこれまで以上のパフォーマンスになるはずですし、教育期間中のパフォーマンスも向上するはずですから、生産性は倍以上になります。では、「一人前」とはどんな状態をいうのでしょうか？　この定義があいまいでは教育成果の把握もできません。すると、これまで10年かかるという根拠もあいまいだということがわかりますから、定義をかんがえることだけでも生産性があがるヒントがでてくるでしょう。次から次へ連関する要素がでてくるのは、「システム」になっているからです。

組織をシステムとして考えることの重要性は、バーナードの昔から指摘されているのです

宿泊業も情報産業の一角にあるので、さまざまな業種とのコラボレーションは、今では当たり前のようになってきました。すると、観光産業にあるそれぞれの業界の組織化という目には見えない概念があって不思議ではなくなります。それは、従来型の組織である○○組合とか、○○協会といった枠組みではない、もっと柔軟な提携といった方が適切かもしれません。お互いの得意分野において提携し、ビジネスとして成功させることは、決して珍しいことではありません。しかし、互いに違う分野にいる企業組織が、うまく提携し、ビジネス上の成果を得るには、事前にさまざまな合意の形成が欠かせないことはいうまでもありません。それは、それぞれの独立組織が、提携する分野でつながり、一体化することが重要だからです。つまり、業務提携とは、組織の結合を意味します。

そこで、また、バーナード理論に戻りますと、

> 「このような組織が成立するためには、(1)共通の目的(2)コミュニケーション(3)協働意志、という組織成立の3要素が必要であり、また、変化する環境のなかで組織がオープン・システムとして存続するためには、(1)有効性（組織目的の達成度）(2)能率（個人動機の充足度）、という組織存続の2基準が必要である。ここにバーナード組織論の核心がある。（中略）意志決定者としての個人を、組織という目的-手段の連鎖としての意志決定システムのなかに取り込み、組織が（個人を含む）環境のなかで動態的に自己を維持してゆく過程を見事

に描写していること、組織を意志決定ないしコミュニケーションのシステムとみなしたことが、その後の（コンピューターの出現に伴う）情報技術の展開にも適応的でありえたこと、など、ほんの二、三を取り上げても、さすがはバーナード理論であると思わざるをえない。[注11]」

つまり、「うまい働かせ方」から「うまい働き方」へのみちびきということだといえましょう。

企業体の中で人間同士がつくる組織も、企業間の提携といった形でも、組織成立の3要素（共通の目的、コミュニケーション、協働意志）は欠かすことができないものだというのはその通りですし、存続のための2基準（有効性と能率）にも納得するだけです。

そして、バーナードが画期的なのは、組織に「顧客」を含めてしまっていることなのです。

「百貨店は従業員の集団であり、物的な設備であり、商品の溜まりであると考えることもできようが、それでもやはり、顧客の協働行為があるために、それは店（傍点筆者）であり続けるのである。[注12]」

これを自社の姿とダブらせてみてください。「百貨店」を自社にしたイメージです。

ここで、「顧客の協働行為がある」というのはどういうことかをかんがえてみたいとおもいます。

よくホテルでは、「お客様がよいホテルをつくる」ということがいわれます。よいホテルとは、たとえば、「ゆったり落ち着いた雰囲気」とか、「優雅さ」とかが感じられる場所ではないでしょうか？

このような情景は、ホテルの設備や家具調度、そして、従業員だけでつくれるものではありません。やはり、そこで過ごされるお客様みずからも加わってつくりだされるものです。これが「協働」です。

いわゆる「客層」というのは、その組織が求め、提供するレベルと合致して形成されます。観光や宿泊の場合は、利用経験を重ねることで生まれるご贔屓さんが特に大切という理由のひとつです。ご贔屓さんほど、提供側をよく知っていて、あらたなお客様をときには教育もしてくれます。

バーナードは、それを自然発生的にまかせるのではなくて、組織の目的が顧客満足であるのなら、顧客が組織の中にイメージされないことはありえないとしているのです。しかし、それは単に「ターゲット」としての顧客をイメージすることではありません。

バーナードは、顧客が組織の中に含まれるのだから、組織は顧客に対して従業員とおなじようにみなければならないとしています。

「従業員」を単なる労働者として見る目線ではない、ということと、組織はシステムであるということがバーナードの大前提ですから、頭を切り換えてお読みください。そこにいるのはシステムのなかで「うまい働き方」をする従業員なのです。

そして顧客の「販売活動」に対して、従業員には「人事業務」「雇用業務」「募集活動」といわれるように対称性があるという指摘です。

> 「売り手が顧客を探しているとわれわれがかってに思い込んでいるが、ちょうどそのように、雇用側が従業員を探しているというよりは、従業員が仕事を探しているものとかってに思い込んでいるということである。多くの場合、というよりおそらくほとんどの場合、売り手が買い手をではなく、商品の買い手が売り手を探し

ていると言えるであろう（注13）。」

モノがあふれている現代、たしかにわたしたち消費者は、「自分にあった商品」を探しています。そのための有効な手段がインターネットでの検索になりました。その検索にヒットさせることが売り手の業績をも左右する時代です。２０１０年のノーベル経済学賞が、「サーチ理論」だったこととあわせてかんがえるのもよいかともいます。

また、企業にあっては、管理部門が企業内顧客へのサービス部門であると位置づけると、決められた業務を確実にこなすだけではないことがあきらかになります。こうして、「うまい働き方」がひろがるのではないかとおもいます。

それは、「従業員」と呼ぼうと「顧客」と呼ぼうと、人間の本性は人間の本性なのだ、という洞察からうまれているからです（注14）。

興味深いことに、最先端の医療サービスの分野では、「病人役割」ということが注目されています。このかんがえ方も、「協働」の医療として、医療組織の中に「病人」が加わるというものです。わが国でも90年代からいわれはじめた「患者中心の医療」を実践するにあたっての基本となるかんがえかたです（注15）。

最近では「インフォームド・コンセント」という概念が一般的になりはじめました。これは、専門家の医師と素人の患者との間にある医療知識の格差をいかに埋めるかというものです。患者側が理解しなければ、コミュニケーションは成り立ちませんから、患者中心の医療を実現するためにインフォームド・コンセントはひじょうに重要です。

このようにみてきますと、企業組織ではやらなければならないことがたくさんありそうです。観光、宿泊産業でも、利用者を組織に取り込むことが重要であるということがわかります。

しかし、これは、顧客囲い込みの手段としての「組織化」ではありません。単に、自社をよく使う顧客のグループ化をはかり、数々の特典を与えるということではなく、現場サービスの場面場面に、従業員と協働する顧客がいるという意味です。その協働によって、顧客の描く利用目的が、高度に達成されるのです。逆にいえば、このような協働なくして、もはや顧客の利用目的は達成することはできなくなってきていると理解した方がいいでしょう。これは、いかに顧客を囲い込むための「組織」をつくっても、顧客自体が満足しなければ無意味になることもあるということです。たとえば、フォーシーズンズホテルは、他社がしているような顧客組織や会員カードはありません。

では、そのような協働の実例はあるでしょうか?

北海道函館市にある、ハンバーガー・ショップ「ラッキーピエロ」[注16]がそうです。

わたしは個人的に食材の豊富さから、函館市が日本一のグルメタウンではないかとおもっています。かつては家内と友人らとで最低でも年に一回は函館グルメを楽しんでいました。ここ数年は、なかなか休みが一致せずに残念な状態になっています。

いまやEU委員会が設置され、ヨーロッパの首都になったベルギーには、ブイヨン（Bouillon）という人口五千人程度の小さな町があります。ここには、温泉もなく唯一の観光資源と呼べるものは中世のままのたたずまいをみせる「ブイヨン城」ぐらいでしょう。しかし、この町は、そもそもグルメで有名なベルギーにあって、格段に美味しく、値段もリーズナブルなレストランやホテルが集中していて、世界中から美食家があつまってくることで有名なのです。10年前の古い情報で恐縮ですが、ディナーコースが一人3500円で楽しめました。ワインを加えても5000円！　です。

日本にも、ブイヨンのような町があちこちにあれば、とおもっています。

そのひとつ、函館にある、知る人ぞ知るお店がラッキーピエロです。

このお店には、顧客会員制度があります。「サーカス団」と呼びます。なんと階層が四段階もあって、各階層に昇格するにつれて還元ポイントも増えていきます。最上の「スーパースター団員」はまさにロイヤルカスタマーです。4万8000円の利用ごとに昇格しますから、14万4000円以上の実績で最上位になれます。一回500円の利用でも288回以上でなければなりません。

スーパースター団員は「身内」あつかい、というのもうなづけます。しかし、ここまでしたら「ふつう」の顧客会員制度でしょう。

ラッキーピエロのすごいのは、地域との「運命共同体」という思想と実践にあります。会社は、スーパースター団員とメニュー開発をしたり、そうしてつくった新メニューが販売不振になろうものなら、スーパースター団員のみなさんがすすんで購入活動をしてささえるのです。

そして、きわめつけは、将来、新店舗のスタッフ募集にあたってスーパースター団員にも面接に参加してもらう、ひいては、戦略もかんがえてもらおうとしていることです。

これは、まさにバーナード理論の実践例です。この会社が「地域最強」といわれる理由がここにあります。

王未来副社長のお話によれば、「函館市のこの場所、この家に出店してほしい」と、高校生からお手紙をもらったことがあるとのことで、「その家の持ち主である自分のおばあちゃんの許可はもう取ってある」とまで記してあったそうです。地域に愛されるということは、一朝一夜にしてはなりえません。不断の努力の証左です。

お客様と「共働」し、働くひとが自らの自主性をもって働く「理働」が実現すると、職場はリズミカルで、サービスしていて気持ちいい状態になるはずです。それぞれの役割が、上手に割り振られて、しかるべきシナリオとアドリブが交差します。これはお客様側も同様で、使い慣れたひとから初心者まで、それぞれがそれぞれの満足を享受している状態です。

このような「協働」と「理働」の組織は、なかなか自然発生的にはできません。ドラッカーがいう知識をかざした個々人が、計画的に組織化をはかることが出発点です。

世界的に有名な室内楽団である、オルフェウス室内合奏団は指揮者がいないことでも有名です。(注17) 難易度が高い曲も、指揮者なしでみごとな演奏を披露します。なぜ、この楽団は、このようなことができるのでしょうか？　それは、楽団員ひとりひとりがもつマネジメント力によるものです。個々が生み出すハーモニーが、全体をおいつくすと、それは組織全体のハーモニーになるのです。これが、楽団ではなく企業でやりとげることができれば、それは理想的な組織といえるのではないでしょうか。

さて、ここで組織のマネジメントなる言葉が出てきました。

よく誤解されているのですが、マネジメントをするのは社長や経営幹部で、現場には関係ないという考え方があります。用語として、マネジャーを支配人と呼んだり、マネジメントを経営と呼んだりすることからの誤解です。

たとえば、あなたが新入社員で、親元を離れて一人暮らしをはじめたとします。学校へ通っていた頃は、よく母親に起こされて、用意されている朝食を頬張りながら玄関を飛び出した、なんてこともあったかもしれません。しかし、一人暮らしですから、誰も起こしてはくれませんし、朝食が用意されているはずもありません。遅刻を繰り返すと、ボーナスが削減されるので、安易に遅刻もできません。さあ、あなたはどうしますか？

　まず、間違いなく目覚まし時計をセットします。さらに念のため、携帯電話でもアラームセットするかもしれません。着替えや朝食の時間も計算すると、結構早起きになります。こうして、毎日会社へ出勤するのです。ここでの一連の行動が、自己マネジメントです。社長や上司はこの場にいません。つまり、誰でも、何らかのマネジメントはしているのです。何人かが集まった集団になると、自己都合だけではうまくいきませんから、それぞれの役目を決めて行動するようになります。これが組織です。ですから、組織の構成員は、それぞれの立場でマネジメントしなければ、組織は混乱してしまいます。

　出社して、上司から、コピーを五部、午前中までにお願い、と言われたら、いまやっている仕事と併せて、何らかの方法でコピーを五部とる時間を工面しないといけません。そのやりかたは、あなたが自分で考えることになります。

　つまり、自己マネジメントの集合が組織マネジメントになりますから、マネジメントをするひとの最小単位は、個人になります。

　そこで、個人を入社以来放置して、個人の資質が問われるばあい、組織の力を発揮することは困難です。それは、この個人の責任ではなく、自己マネジメントの訓練を含めた、組織の訓練をしていないことの証拠になり、残念ながらトップの責任に帰することになります。

　それでは「うまい働き方」として、「理働」になる組織はどうしたらできるのでしょうか？　次節で考えてみましょう。

（注５）斉藤泉（２００９）『またあなたから買いたい』徳間書店、（２０１２）『あなたから買えてよかった』徳間書店。
（注６）セオドア・レビット（Theodre Levitt）（２００７）『T・レビット　マーケティング論』ダイヤモンド社、２１９-２２０頁、第９章「サービス・マニファクチャリング」（１９７２年、マッキンゼー賞受賞論文）。
（注７）A・R・ホックシールド（Arlie Russell Hochschild）（２０００）『管理される心』世界思想社。
（注８）チェスター・バーナード(Chester Irving Barnard)飯野春樹・日本バーナード協会訳（１９９０）『組織と管理』文眞堂、訳者序、iv頁。
（注９）前掲、飯野、v頁。
（注10）堺屋太一（１９９０）『知価革命』ＰＨＰ文庫。
（注11）前掲、飯野、v-vi頁。
（注12）前掲、日本バーナード協会・村田晴夫、１１９頁、初出（村田晴夫訳「経営者の職務に関するコメント」『ハーバード・ビジネス・レビュー』１９４０年春季号）。
（注13）前掲、日本バーナード協会・村田、１２０-１２１頁。
（注14）前掲、日本バーナード協会・村田、１２５頁。
（注15）山崎喜比古編（２００１）『健康と医療の社会学』東京大学出版会。
（注16）王一郎（２０１２）『B級グルメ地域№１』商業会。
（注17）ハーヴェイ・セイフター（Harvey Seifter）、ピーター・エコノミー（Peter Economy）／鈴木主税訳（２００２）『オルフェウスプロセス―指揮者のいないオーケストラに学ぶマルチ・リーダーシップ・マネジメント』角川書店。

２-３　かんがえる組織をつくるための基礎

わたしの、事業再生にあたってのこれまでの経験で、もっとも重要だと確信していますのが、これからお話しする「かんがえる組織づくり」です。

業績がおもうようにならない企業組織と、おおむね好調を維持する企業組織のちがいとなるのは、企業文化すなわち「社風」にもふれざるをえません。その、もっとも深い位置に、かんがえる習慣があるか、あるいは、そうでないかということにつきます。

これがどれほど重要かといえば、バーナードの組織はシステムであるという理由にもあるように、組織は常に変化していますから、さまざまな摩擦が発生します。当然、組織が変化する理由は、ひとにあります。ひとが活動すると、摩擦が生じるのです。活発な組織ほど、さまざまな摩擦が生まれるといってよいでしょう。この摩擦を放置すると、組織機能が低下してしまいます。そこで「対策」が必要になります。しかし、その対策が、うまい対策ではなく、その場しのぎ的なものだと、その対策からさまざまな予期せぬ摩擦があらたに生まれてしまう可能性がたかくなります。

そこで「何が問題なのか？」という、問題そのものを発見する能力が問われることになります。この「問題発見能力」こそが、組織力です。

小学校の算数で、高学年になると応用問題が出題されます。最初に問われるのは計算能力ではなく、なにを問うているのかがわかっているかということになります。じつは、最初に国語力がためされているのです。それから、問いの求めに応じた適確な計算をして元の問題を解くことになります。（注18）

企業組織もおなじように、組織内（顧客を含む）で発生している摩擦を解決するには、根拠が希薄な高圧的な命令が有効である範囲はきわめて狭く、そもそも、と解き明かしていかないと、問題そのものがわからないことがよくあります。業績がおおむね好調な企業組織は、発生した摩擦を放置しない文化ができあがっています。一方、そうでない企業組織は、「忙しい」とか「自分には関係ない」とか、さまざまな理由をつけて、結果的に放置してしまい、摩擦の存在にも鈍感である文化ができあがるのです。順番を整理すれば、問題発見に敏感な企業組織になるように努力すればよいということになります。

いきなり「トヨタ生産方式」[注19]というと面食らうかもしれませんが、世界一の製造業にはサービス業にも役に立つノウハウがたくさんあります。トヨタ生産方式で有名なのは「ジャスト・イン・タイム」です。これは在庫管理とコスト・コントロールの究極の姿です。しかし、これらの仕組みを作り上げた発想の原点は、「なぜ？を五回繰り返せ！」に尽きます。これは、最近はやりの「ロジカル・シンキング」の基本ですから、その新しさに驚かされます。半世紀以上の時間をかけて「なぜ？を五回繰り返した」結果、トヨタ自動車は世界一になったとかんがえられるからです。

どんな感じなのでしょう。さっそく試してみましょう。

たとえば、最近売り上げが思うように上がらない、などという悩みは誰でも感じるものです。では、これを五回繰り返してなぜを考えるとどうでしょう？「景気が悪いからだ」「天変地異があったからだ」「デフレだからだ」・・・。

ふだんから「他人のせいにするな！」と部下を叱っているのに、出てくる理由は自社一社では解決できない巨大なことばかり。いいえ、わたしからお説教をされていると考えないでください。こうして書き出すと「おや？」と気づくことができます。ですから、必ず「書く」ことが重要です。ノートだけでなく、パソコンやタブレット端末の画面でもかまいません。とにかく、言葉にして書くことが最初の一歩です。

ところで、わたしが出会う社長さんたちは、経営が苦しいから頭の出来が悪いなんてひとは一人もいません。逆に、頭がよくて、いろいろ考えを巡らせている方ばかりです。ただ、共通するのは、頭の中でだけ考えを巡らすひとが多い、ということです。わたしは脳科学者ではありませんが、経験的に二種類の問題が発生しやすくなるということはわかります。

一つは、考えながら忘れてしまうという問題です。そして、もう一つは、複雑なことが省略されてしまうということです。ひとは忘れる動物です。重要な情報とそうでない情報を区別して記憶できればよいのですが、残念ながらそうはいきません。そこで、メモを取りながら考えることで、さっき思いついたことも忘れずにいることができます。もう一つは、頭の中でだけ考えを巡らせていると、だんだん複雑になる自分の思考についていけなくなります。堂々巡りになったり、時間をかけてもまとまりません。そして、なんだか頭がボーっとしてきて、思考することをやめてしまいます。ついには、最初のアイデアも忘れてしまって、結論にいたることが少なくなってしまいます。

こうしたことを回避するために、思いついたことを書き留めるためのノウハウが話題になっています。[注20] 最近では、パソコンやスマホでも使えるアイデアのためのアプリが人気で、無料、有料、さまざまな種類のものがあります。[注21] 是非、試してみてください。きっと、こりゃ便利だと思われることでしょう。

さて、なんらかの方法で書き出してみてから、他人のせいになっている項目を消去します。つまり、自社のことだけを理由として考える、ということでもあります。不思議なことに、考えるときにはショートカットをしない方がよい、というのもわたしの経験です。他人のせいにすることも考えた上で消去すると、なんだかクッキリ問題が浮き上がってきた感じがします。最初から考える範囲を限定すると、かえって素直な言葉が出ないものです。ですから、リラックスしてひじょうに素直な気持ちになって書き出す、ということがコツだとおもいます。

するとどうでしょうか？　たとえば、「料金が他社より高いから？」、「サービス内容が昔とかわらないから？」

とか「料理に季節性がないから?」などなど、それこそたくさん出ることでしょう。こうしたアイデア出しを一人でしても、スタッフの皆さんと複数でしても良いのですが、ある程度の数が出たところで、似たようなものをまとめて、それぞれの優先順位をつければ、問題解決の第一歩が踏み出せることになります。具体的な方法は、川喜多二郎先生の『発想法』、『新・発想法』をお勧めします。[注22] アイデア出しの方法で有名な「K・J法」の考案者がご自身で解説されたものだから信頼できます。K・Jとは「Kawakita・Jiro」先生のお名前ですから。

さらに進めて、「ロジカル・シンキング」を実務で応用する場合、数々の教科書が出版されています。これらは、訓練を要するものなので、初めて取り組んで、いきなり成果が出ないかもしれません。しかし、何事もあきらめずに続けると、ある日コツがつかめるはずです。

「もれなく、ダブりなく（ミーシー＝MECE）」（Mutually Exclusive and Collectively Exhaustive の略）という原則も、最初はうまくいかず、いくつものダブりや、もれがあるかもしれません。しかし、なんどか見直しをしていくうちに、やはりコツがつかめるようになります。

従業員のキーパーソンの複数の方にも、「ロジカル・シンキング」のリーダー格になるように訓練すると、「考える組織」を育てることができます。経営者が一人で悩むより、現場に近くてより的確なアイデアが出る可能性まで高まりますから、一石二鳥どころか数鳥にもなるので非常に効果的です。さらに、自分が組織に参加し、そこでの役割があることが分かると、ひとは俄然やる気を出しますから、組織の活性化にもなるという計り知れない効果があります。「理働」のはじまりです。

これまで、組織の活性化や個人のやる気を高めることが、「おもてなし」のためには必要である、とする議論はあるのですが、実務での行い方はわかりにくいものでした。

経営者と従業員が意見を出し合う「ロジカル・シンキングの場」をまず作ることがとにかく大事なのです。最初の一歩になるからです。

そして、一度この風土ができあがると、なかなか消滅しないものになります。まさに、議論は議論を呼ぶのです。週一回程度ではじめて、3カ月ほどもするとかなり慣れてきます。半年後には、半年前の状況をおもいだすと皆がおもわず苦笑してしまうぐらいになっていることでしょう。

ここでは、「ロジカル・シンキング」による発想法が、最低でも経営幹部のみなさんにとって「普通」になっていることが最初の段階にあることを忘れないで下さい。そして、もちろん、いまは幹部でない方でも、将来必ず求められるスキルですから、早めに訓練することは企業としても競争有利になります。そんなこともあって、ＩＴ企業などでは、新入社員から「ロジカル・シンキング」の教育訓練が始まるのは常識になっていることも申し添えておきましょう。

本書でときたま医療分野のことに触れるのは、ホテル（Hotel）の語源がホスピス（Hospice）であり、健康なひとがHotel、そうでないひとがホスピタル（Hospital）に行くということで、大変近い関係にあるからです。マルコム・ボルドリッジ国家品質賞のなかには、医療分野もふくまれています。

とかく格差だけが強調されて伝えられているアメリカの医療ですが、90年代から「共働」が主張され、医師の家父長的な上から目線による治療ではなく、患者本人と家族、そして医師による「患者本位の医療」が主流になってきました。医療サービスというかんがえによれば、医療も「サービス」の一分野ですから、患者本位というのはあたりまえのようにおもわれますが、患者のわがままを通すのが患者本位というのではありません。治療方針を決めるまでは、患者の意向を十分に聞き取ることの重要性はもちろんですが、方針が決まれば患者も、その方針に従わなければなりません。これを「病人役割」といいます。(注23)たとえば、治療方針で決定された投薬を、患者が決めた処方通りに飲まないばあい、患者は自らの治療を放棄している状態になります。

このような事態を避けるためにも、患者への教育が重視されていますが、同時に医師を含めた医療従事者への教育も注目されています。それは、「ナラティブ（病の語り）」を通じたものです。いわゆる「闘病記」もナラティブのなかに含まれます。(注24)

病気になったひとが、どのような症状にみまわれ、それをどのように感じ、また、どのように克服したか、あるいはできなかったか、などの情報は、治療にあたる医師や医療関係者にとっても重要です。従来は、医師は「治し方を知っている」という目線だけで対処すればよい存在でしたから、その病気や症状がどのような痛みや不快感をもたらすかは重要ではなかったのです。しかし、患者本位の医療という視点からすれば、どのような痛みがあるのかを知らないではすまされません。また、患者の人生や職業などの経験から、患者自身も知識人であることが多く、単に治療だけをあたえる存在では満足を得られないようになってきた背景も見過ごせません。

一方、患者側は、先輩患者の病の語りは、これから自分にも起きるであろうさまざまな症状を、事前に知るための重要な情報源でもあります。そして、医師との間で決める治療方針について、自ら検討する際の参考になり得るのです。

比較的軽度の病気のばあいは、治療パッケージがつくられていることが多いですが、ノウハウが積み重なると、重い病気でもパッケージ化が可能になるようです。わたしの母の例では、心臓の大動脈弁の交換とバイパス手術をセットでしましたが、病院側の説明は適確で、術前の治療方針と術後の経過処置は予定通りでおこなわれ、退院日にくるいもありませんでした。

本人への説明は、これから何が起きるかを丁寧になぞっていましたから、病院からナラティブ情報をもらったのです。このように、適確な手順でしたから、本人の不安はずいぶんと軽減されたのは手に取るようにわかりました。

さて、なぜこのような話をしているかというと、ナラティブは接客等のサービス改善に応用ができるからです。

自分が客としてどんな体験をして、それについてどう感じたかを書き出してみると、サービスをするうえで重要なポイントがみえてくるのです。

文章での書き出しから、これを図式化することで、さらにわかりやすく表現することができます。医療現場では「関連図」として知られています（注25）。

本書の最後にある、ケース・スタディーもナラティブの一環としてお読みいただけると幸いです。

（注18）ジョージ・ポリア（George Polya）（１９７５）『いかにして問題をとくか』丸善。※初版は１９５４年。
（注19）大野耐一（１９７８）『トヨタ生産方式―脱規模の経営を目指して―』ダイヤモンド社。元トヨタ自動車副社長による哲学書であり、ノウハウ本とは一線を画す。未だ新刊本が刊行されている名著。
（注20）トニー・ブザン（Tony Buzan）（２００５）『ザ・マインドマップ』ダイヤモンド社。
（注21）千本木友博（２０１０）『手を動かしながら考える企画提案』翔泳社。
（注22）川喜多二郎（１９６７）『発想法』中公新書、（１９７０）『新・発想法』中公新書。二冊とも未だ新刊本が刊行されており、日本発の発想法として世界的に有名。
（注23）山崎喜比古編（２００１）『健康と医療の社会学』東京大学出版会、１０４頁。

（注24）前掲、山崎、108-112頁。
（注25）吉谷須磨子（2004）『関連図の書き方をマスターしよう』改訂・増補版、医学芸術社、NCブックス。

2-4　いままでとおなじやり方で、いままでとは違う結果を期待することはできない

1992年で崩壊した日本のバブル経済以後、おもに設備投資に失敗した旅館やホテルの廃業や、事業再生が活発化します。わたしの経験から、再生にあたっても、これまでのやり方を変えない事例がおおくあります。経営陣が責任をとって退陣しても、残った幹部従業員のみなさんの「発想」が自動的に変化することはありません。むしろ、前述しましたように、破たんへの道は慢性病的であるため、従来のかんがえ方ややり方しか知らない、という深刻な問題にあたります。

1973年のノーベル経済学賞は、「ヘクシャー・オリーンの定理」ともいわれる、「要素価格均等化定理」です。要素価格とは、資本、労働、土地の価格のことをいいます。

この定理の内容は、「生産手段が同じなら（傍点筆者）、要素価格は均等化する」です。要は、仕事のやり方が同じなら、資本や労働、土地の値段は同じ水準になるまで近づく、ということです。

わたしがエジプトに暮らしていた83年当時、日本からの送金が現地の銀行に入金するのに数日かかりました。なんらかの問題があると、一週間から十日はかかったものです。それがいまでは、自宅のPCからのネットバンキングでほぼ同日で可能になりました。お金が簡単に動くことの意味は、資本のコストが世界中で同じになると

いう意味をもちます。

最近では、中国の人件費が高くなって、ベトナムやカンボジア、ミャンマーなどの国が注目されています。一方、日本国内では、所得の減少、すなわち給料が減ることがおこりました。仕事のやり方が、中国と国内で同じなら、一方は値上がり、一方は値下がりして、どこかで同じになる（＝均等化する）でしょう。土地はどうかというと、農産物価格に反映されます。土地から生まれるものの典型が農産物だからです。近年、輸送技術の向上で、これまでにない農産物が安価で大量に輸入されるようになりました。

このように、要素価格均等化定理は有効のようです。しかし、受賞当時は物議をかもしました。それは、世界中で生産手段が同じになるということはあり得ない、ということがあったからです。従来の常識でかんがえればそのとおりです。世界中で仕事のやり方が同じになるなんてことは、普通にかんがえたらありえません。社会環境や教育レベル、技術者の経験値など、ちょっとかんがえてもちがいすぎるのです。ところが、デジタルな製造方法が開発されると、あっという間に条件が整ってしまいました。

たとえば、現在、世界最先端のテレビはアフリカで製造されています。日本国内でテレビ事業は成り立たないほどになりました。生産手段、すなわち仕事のやり方が同じだと、この定理が効いてくるのです。ということは、要素価格均等化定理から逃れる方法は、仕事のやり方を変えなければならないということになります。これは、いま議論されているＴＰＰの農業分野で、日本の農産物が生き残る方法として、高品質というポイントがでてくる理由にもなります。仕事のやり方がちがうから高品質な農産物ができるのです。

このように、従来とはちがう仕事のやり方を追求しないと生き残れないという状況になってきていることを忘れてはなりません。

これは、宿の場合でも同じです。リゾート系といえる温泉ホテルや観光ホテルのカテゴリーはより重要です。ついつい忘れがちですが、特にリゾート系の宿は国際競争にさらされています。

ビジネス出張であれば、相手先に行かねばなりません。したがって、目的地の地域内での競争になります。つまり、東京からニューヨークにビジネス出張するひとをかんがえるばあい、どこのホテルが選ばれるかについてニューヨーク市内のホテルは競争します。しかし、ニューヨークと東京のホテルの間では直接的な顧客獲得競争にはなりません。

これが、リゾート系では状況が一変します。

円安とか円高によって左右されるものの、海外旅行はすでに特別なものではありません。それどころか、「格安」が一般的になって、いつでも安い状態になってきました。

たとえば、近隣でかんがえると、二泊三日で数万円しかしないツアーが一般的に販売されています。しかも、この金額は航空券とホテル、飛行場の送迎がセットでです。これでは、国内旅行よりはるかに安価といえるでしょう。それでいて、外国に行けるという非日常性を加えると、国内のリゾート系の宿は、誰と競合しているのかをよく検討しなければなりません。そして、批判はあるものの、日本全国の地方空港が整備され、従来ではかんがえられないひとの流れの変化が生まれています。わたしは横浜市に住んでいますが、羽田空港へは一時間程度の時間距離です。地方のばあい、同等の時間距離で地元空港を利用できるひとは地域住民の多くをカバーしていることもあり、地元の温泉旅館などにとっては、けっしてあなどれない存在です。地元の空港からどこへ行けるようになっているのかは、必須の確認事項です。そして、成田空港や羽田空港の発着枠の制約から、韓国の仁川空港や上海空港など、国際ハブと呼ばれる空港へ行ける地方空港は多くあります。これら国際ハブ空港からは、ほぼ全世界へ乗り継ぎができますから、都心部が有利という常識もあやしくなってきています。

ですから、わたしは、サービス産業の低い生産性の背景として指摘があった、「グローバルな競争に晒されていない産業が多い、市場が地域に限られる」(注26)については、上記のように異議をもっています。グローバルな競争に晒されていない、のではなくて、とっくに晒されているのに当事者たちが気づいていないだけなのではないでしょうか？　そうかんがえれば、市場が地域に限られるというのも、やはり当事者たちが勝手にそう思い込んでいるだけではないかとおもうのです。

一方で、外国に居住しているひとが、どこのリゾートで休暇を過ごそうかを検討するとき、選択候補になるようにすることも重要な販売戦略になります。

北海道のニセコが、オーストラリア人で賑わうなどの話題で有名になりました。いまではしっかりと販売戦略を立てていることでしょうが、わたしも担当した経験があるニセコすら、最初はグローバルな競争に晒されているとはおもっていなかったとおもいます。きっかけは、新千歳空港へカンタス・エアーが乗り入れたことからです。つまり、気がついたらオーストラリア人がたくさん来ていた、というのが本当のところだと記憶しています。

このように、うっかりすると知らずに要素価格均等化定理のワナにかかっているとかんがえてよさそうです。

それでは、どんなことがこの定理から抜け出すのにやくだつのでしょう？

「仕事のやり方が同じなら」という前提条件に注目すればよいのです。つまり、ちがうやり方をかんがえることと、しかありません。

たとえば、このところ法制化の議論もさかんになってきたカジノの問題をかんがえてみましょう。わたし自身はいま、賛成も反対もない状態です。

カジノは、外国からやってきます。したがって、わが国にその運営ノウハウはないといってよいでしょう。これは足し算になります。無いからつくる。本書でも、何回か「足し算」について触れましたように[注27]、残念な発想方法でした。つまり、単にカジノを誘致し建設するという発想方法は、従来の延長線にある旧来のかんがえ方によるものだということはいえそうです。

問題は、既存の宿や観光関連事業はどうなるか？ということです。この巨大な足し算に対抗するためには、かなり大胆にこれまでと「ちがうやり方」への転換をはからないと生き残れなくなる可能性がさらに高まります。

ひょっとして政府は、過去に石炭から石油への転換をはかった経験を、旧来の発想のまま転用して、いつまでも生産性が低い従来型の宿泊産業を含む観光産業を、カジノを頂点にすえた産業へと強制的に、しかも前回よりも巧妙に、すなわち（激しい労働争議にすることなく）静かにおこなおうとしているのではないか？とはかんがえられないでしょうか？あるいは、そういう疑いをもつのはわたしだけでしょうか？それとも、わたしの妄想でしょうか？

それはともかく、これまでと「ちがうやり方」への転換をしなければならないことは、確実だとかんがえます。

そして、サービス品質の実現ということもテーマにしての転換でなければ戦えません。

すると、「サービス設計」の概念が必要になるということがご理解いただけるでしょうか？敵は、建物・設備、内装・家具調度、その雰囲気にあった従業員の存在、接客など、これらをトータルにかんがえのなかに入れ込んでいます。さらに、サービス品質の維持確保を実行するには、緻密な「設計」がなければできません。むしろ、緻密にサービス設計されているとかんがえるのが普通ではないでしょうか？

そうだとすれば、やはり、カジノ（統合型リゾート）の進出は、旅館だけが問題になるのではなく、伝統的な「サービス業」への影響ははかりしれません。「伝統的なサービス業」とは、情報産業化に乗り遅れている「業」のことです。

これは、個人商店がもはや「コンビニエンス・ストア」にかなわないように、遠くない将来、日本で独自の「コンビニ的宿泊業」が生まれないかぎり、外国勢の草刈り場になる可能性があることを意味します。

理由はなんであれ、ちがうやり方への転換を強制的に図らされるようになるでしょう。

（注26）　経済産業省編（２００７）「サービス産業におけるイノベーションと生産性向上に向けて　報告書」サービス産業のイノベーションと生産性に関する研究会、経済産業省商務情報政策局、22頁。

（注27）　本書、１-３「厳しい現実」（34頁）、２-１「プロとしてかんがえる」（89頁）を参照のこと。

超辛口コラム５「不正」について

「不正行為がある」といってすぐに「内部統制」をおもいつくのは大企業のひとでしょう。

ここで注目したいのは、不正が起きる原因として、いわゆる「不正のトライアングル」があることです。（注１）

①　プレッシャー及び動機

営業上の目標数値を達成しなければならないというプレッシャーなどが考えられます。また、成功報酬中心の給与体系など不正の動機となるような構造もふくまれます。

② 姿勢及び合理化

「会社は儲かっているのだから、数万円ぐらい…」という気持ちや姿勢のことです。不正をしようとしている人が自分の行動を合理化することを指します。

③ 機会

現金の管理が甘いという状況にある場合、横領を行う機会を与えることになり、結果として不正の発生可能性を高めることとなります。

不正を弁護するわけではありませんが、こうしたストレスを会社があたえることが問題であるという認識がされていることは事実です。つまり、会社が不正を行わせてしまった原因にもなりかねないのですから、十分な防止対策をとることはまさに会社に責任のあることになります。

レ・ミゼラブル（ああ無情）といえば、文豪ヴィクトル・ユゴーの小説で、映画やミュージカル作品で親しまれています。この主人公、ジャン・バルジャンは、パンを盗んだために一生を犯罪者として追われる身になってしまいます。現代日本にも、ジャン・バルジャンのようなひとがいるかもしれません。

たとえば、「オーバーショート（現金過不足）伝票」の有無が、ひとの人生をかえてしまうことがあります。

現金を取り扱う現場には、かならずなくてはならない報告書類（日報）のひとつです。

残念ながら、人間はミスを起こします。[注2] これを「ヒューマンエラー」と呼びます。そして、さらに残念ながら、ヒューマンエラーを完璧になくす方法がないのです。そこで、ミスを起こす可能性があるという前提でかんがえなくてはなりません。医療現場や危険をともなう職場は、何重ものチェックをするような仕組みがあります。それでも事故は起きる、ということをかんがえなくてはなりません。

おつりのまちがいもそのひとつです。いのちを失うものではありませんが、これを放置すると、のちに重大な金銭をめぐる事故がおきる可能性がでてきます。一円や数十円足らなければ自分の財布からだして帳尻をあわせます。こうしているうちに５００円多ければ自分のポケットにいれます。そして、それがいつしか万円単位の横領へと発展し、気がつけば本人は懲戒解雇になります。

やってしまったことは、本人も大人なのですからいけませんが、このようなずさんな仕組みで現金を扱わせていた会社の責任もとわれる時代なのです。

この時代、懲戒解雇をされた人物を採用する職場はあるのでしょうか？　ましてや地方の旅館勤務でのこととなると、そのひとの人生が急転してしまうほどの大問題です。

履歴書にある、賞罰の欄の意味が重くなります。懲戒解雇は、立派な記載事由になりますし、これを書かずにいたら「私文書偽造」という刑事罰の問題に直面してしまいます。

会社は、従業員を犯罪者にしてしまう可能性があるのです。

オーバーショート伝票は、その日、あるいは現金取扱者が交替するたびに、元金ごと交換してチェックし、まちがいがなければ「０円伝票」をつくって記録に残します。よく、間違いがあったときだけ書けばよいという「やさしい」ことがありますが、一歩まちがうと大変なことになる入口です。

ある宿で、釣り銭があまりにもあわないので上司が不思議がり、出勤者のかおぶれと間違いの発生をチェックしたら、あるアルバイト学生が浮かびあがりました。そこで、このひとを別室によんで、小学校低学年の算数ドリルで引き算をしてもらったら、結果はさんざんだったということがありました。文化系の現役大学生だったそうです。引き算ができないことを本人も自覚していました。「自分のまわりの友人たちもおなじように引き算ができないので気にしたことはなかった。」とは本人の弁ですが、この上司は「あなたの将来のために言いそえるけど、引き算だけじゃなくてほかのことも勉強しておかないといけないよ。」と伝えたとのことです。この学生さんも、はじめてこのままではいけないと気づいたそうなので、アルバイトとしてはいい経験になったでしょう。

かならず「０円伝票」の山ができることを楽しみにするぐらいの余裕で管理したいものです。

（注１）　仁木和彦（２０１４）『図解ひとめでわかる内部統制　第三版』久保敬一監修、東洋経済新報社、１８８頁。

（注2）米国医療の質委員会 医学研究所（2000）『人は誰でも間違える―より安全な医療システムを目指して―』日本評論社。

2-5　お客様に提供する価値

サービス業というとてつもなく広く大きな産業分野です。しかし、「業」というかぎりにおいては、何か商売をしているわけです。つまり、なんらかの行為に対して、お客様から報酬を得て成り立つのですから、絶対に相手側である「お客様」が存在します。

宿の女将さんのよくあるセリフに「常にお客様の立場に立ってかんがえ、行動しなさい」という言葉がありま す。お客様の立場に立って考えることは基本中の基本です。さらに、行動することは、素晴らしいことです。しかし、現実に「かんがえ、行動できている」宿は少ないものです。

この理由をかんがえる前に、お客様は自社の何を買っているのでしょうか？ という質問に、あなたはどうお答えになりますか？ 実は、意外とむずかしいのです。

お客様は何を買っているのか？ それを考えるには、セオドア・レビット教授の名著「マーケティング発想法」が参考になります。少し長いですが大変重要ですので引用してみましょう。（注28）

「いつかレオ・マックギブナ（Leo McGivena）はこういった、「昨年、四分の一インチ・ドリルが100万個売れたが、これは、人々が四分の一インチ・ドリルを欲したからでなくて、四分の一インチの穴を欲したからである。」人は製品を買うのではない。製品のもたらす恩恵の期待を買うのである。ところが、狷介な生産中心思想を捨て切れない経営者や経済学者たちのほとんどは、商品はそのものの本来の特質をもっているという考え方から、かたくなに離れようとしない。一切れのパンは一個のダイヤモンドとは別の物質にちがいないと考えてしまう。個々の商品はその購入者に恩恵を伝達する手段にすぎないと考えるのではなくて、それぞれの物質として固有の特性をもつものだとみてしまう。だからこそ、企業にあっては一方的にコストだけを基礎にした価格政策がとられるし、経済学者たちはミクロ経済的需要曲線をひく際に、消費者側の効用というものを、もし考慮に入れたとしても、ほとんど影響力のない関数だと決めつけてしまう。物理学はとうの昔に、物質が本来固有の特質をもつという考え方を捨ててしまっている。今こそ、経営の分野でそれをやらなければならない。人がカネをつかうのは、商品やサービスを手に入れるためではなくて、買おうとする商品やサービスが自分にもたらしてくれると信じる期待価値を手に入れるためである。人は四分の一インチの穴を買うのであって、四分の一インチ・ドリルを買うのではない。これこそがマーケティング視点なのである。」

一見、なにも変哲もないことがサラッと語られています。電動ドリルメーカーの視点からすれば、顧客は電動ドリルそのものを購入しているように見えます。なにしろ、１００万個売れたというのですから。しかし、よく考えてみると、顧客が電動ドリルを購入する真の動機は、穴が欲しい、すなわち、穴を開けたい、です。

この物語を参考にして、たとえば「宿」を考えるとどうでしょう?

宿から見れば、顧客は宿泊と食事をおもに購入しているように見えます。しかし、よく考えると、顧客の購入動機は「それだけ」でしょうか? 本当はなんなのでしょう? お客様の購入動機と宿の提供しているサービス・

メニューは一致しているでしょうか？

「もしドラ」が大ヒットして、ドラッカーブームになりましたのでお読みになった方も多いと思いますが、ピーター・ドラッカーの不朽の名著「マネジメント」(注29)でも、「自社の事業は何か」という難問、顧客は誰か、何が顧客にとっての価値か、といったことが議論されています。

わたしは、外資系投資銀行で、旅館やホテルといった宿泊施設や、スキー場などのアミューズメント施設の再生に関わってきました。独立してからは、食品工場の業績向上のお手伝いをしたこともあります。これらのすべての案件で、共通に発見したことが、お客様の真の動機を深く考えない結果、業績不振になったことでした。

これは驚くべきことです。レビット先生やドラッカー先生といったビッグネームの仰るとおりの事象でありま す。しかし、それよりも、「そんな抽象的な哲学論争をしてもお金にならない。時間の無駄だ！」と断言される経営者の多さに驚いたのです。そして、まず全員がこのような教科書を読んでいませんでした。難しそうだ、面倒だ、本は嫌い、という理由がこれまた多いのです。実に残念なことなのですが、わたしはあきらめません。

さて、最初のテーマにもどりましょう。

お客様の立場に立ってかんがえ、行動することができないことの理由です。

それは、前述の例でおわかりのように、自社がお客様に提供する価値がなにか曖昧だからです。そして、同時に「お客様の立場」というのは簡単なのですが、その「お客様」は一体誰だ？ということが決まっていないのです。多くのばあい、いま、たまたま目の前にいるお客様をさします。このお客様の素性は何者なのか？どんな要求をしているひとなのか？を「情報の仕込み」なしに判断することは困難です。

つまり、お客様の立場に立ってかんがえ、行動することの基礎になるルールがないままで、一方的に従業員さんに要求している状態であることが普通なのです。このように解説すると、無理な要求であることがすぐにわかります。

では、従業員さんは無罪かというと、微妙です。それは、「無理な要求である」という意思表示をしていないからです。そんな意思表示はできない、というばあいもあるかもしれません。しかし、従業員さんも、そんなことかんがえたこともない、ということの方が多いのです。上から下まで、毎日まんぜんとして、目の前のお客様をこなすことだけをやっている状態です。

これはどのようにかんがえればよいでしょうか？

第三者の目から簡単に言えば、職場のコミュニケーションが悪い状態だということです。しかし、当人たちは、ほとんどそんなこともおもってもいません。みんな仲良くしごとしているからです。

ですから、この例の職場は、トップからの一方的な要求に、従業員が服従しているだけの状態で、だからこそ職場内のコミュニケーションも不足している、という一種最悪に近い組織状態だといってもほとんど両者から理解されません。

電動ドリルメーカーの事例は、製造業だから事情が異なるとかんがえるのではなくて、情報産業として同じレベルで自社を見つめるためのよい材料です。

①お客様の真の目的は何か？　すなわち、お客様はなにを買っているのか？

そして、②そのお客様とは誰か？　典型的な重要顧客の特定こそ、従業員さんたちと共有したい基本情報です。重要顧客とは、何度もくり返し利用してくれるリピーターのことです。

この①と②の二つを同時にみたす基本情報が、情報産業に進化するための基礎になります。

典型的なお客様はどんなタイプのひとなのか？　その典型的なお客様は、なにを目的に訪れているのか？

わたしたちは、毎日、お客様に接しているのに、こんな単純な問いに即答できないとしたら、やはり、お客様の立場に立ってかんがえることがいかに難しいかを実感するのです。

たとえば、表2-5-1「売る」論理と「利用していただく論理」をごらんください。宿のスタッフは「部屋を売る」といういい方がふつうですが、お客様は「部屋を買った」というのでしょうか？　お客様の立場では居住性とか、快眠とかをふくめて「のんびりを買った」というようなことがふつうではないかとおもいます。ことばのちがいは概念のちがいですから、わたしたちの売っているものと、お客様が買っているものの感覚はずいぶんとちがうものになります。

この違いの距離感を「ギャップ」とよぶなら、ギャップが大きいほどにお客様と離れていますから、当然にその結果業績も悪化するのです。

この例でいえば、典型的な重要顧客が（注30）「のんびり」を買っているということがなんらかの方法（たとえばアンケートやインタビューなど）によってわかったら、提供側は、「のんびり」とはなにかを哲学しなければなりません。これを「ロジカル・シンキング」の方法で議論します。そして、でてきたさまざま

表 2-5-1　「売る」論理と「利用していただく」論理

商品	「売る」論理	「利用していただく」論理
宿泊	部屋	居住性・快眠 健康的な食事 気持ちのよい風呂など
会議	場所・スペース	集中してアイデアの出る会議
婚礼・集宴会	料理・場所・スペース	一生の思い出 感謝の気持ちを表現

お客様が求めている「もの」「こと」とわたしたちが「良かれと思い」提供している「もの」「こと」との不一致があれば、当然、私たちの業績は悪化する。

お客様の立場・視点で考えることは、実はとても難しい…

（出所）　著者作成。

な解釈から「のんびり」を実現する方法をかんがえます。対象は、建物・設備、内装・家具調度、その雰囲気にあった従業員の存在、接客などに時間をくわえて検討します。つまり、静的情報と動的情報のすべてについての検討です。すると、いまやっているしごととの不一致がみつかるかもしれません。みつかったしごとは「のんびり」を実現するための優先順位が低い可能性があります。であれば、そのしごとはやめることにして、「のんびり」を実現するために優先順位の高いしごとと入れ替えます。

これがイノベーションの第一歩です。梅棹先生は、

「創造的観光産業のすすめ

日本の観光産業を第三者としてみておりまして、おそるべき研究不足というのがわたしの実感であります。みなさん、いまのところこれでけっこうくえるからよろしいのでしょうか。しかしこれではさきでどういうことになるのか。あまりにも研究が不足しています。かんがえたら、いくらでもおもしろい手がうてるはずなのですが、そういうことはいっこうにでてこない。いまはまったくの受身の観光業です。(注31)」

例によってズバリとした指摘です。わたしが「哲学」などというと、またまた面倒くさいとおもわれましょうが、このような「研究」をせずに成功する事業があるほうが不思議ではありませんか。脳みそから汗がでるという感じになるまでかんがえることしか、方法はありません。

以上のように、重要顧客とそのひとが求める本当の価値を知り、業務として研究・追求することこそが、死活問題なのです。

（注28）セオドア・レビット（Theodre Levitt）（１９７１）『マーケティング発想法』ダイヤモンド社、3-4頁。
（注29）ピーター・ドラッカー（Peter F. Drucker）（２００８）『マネジメント　務め、責任、実践Ⅰ』日経ＢＰクラッシクス。
（注30）酒井隆（２００３）『アンケート調査と統計解析がわかる本』日本能率協会マネジメントセンター。※新版２０１２年。宿でとかく放置されがちな自社アンケートの本来的姿の全体像をつかむのに有用である。解析の数学的な解説は前述の脚注（1-注21）など別途入門書をあたるとして、まずはアンケート全体の流れをつかむことをお勧めする。
（注31）梅棹忠夫（１９８７）『京都の精神』54頁、京都と観光産業。

2-6　マニュアルの悲劇

マニュアルに対するおおきな誤解について説明する前に、客室清掃業務をみてみましょう。

多くの宿で、客室清掃は業務委託化されています。直営での場合にも参考になりますので飛ばさずにおつきあいください。

ここで、なぜ業務委託化したのか？　を思い出してみてください。直営の場合は、なぜ直営のままなのか？　を考えてみてください。

a　経費が安くなるから

b　清掃の仕上がり水準が向上するから

委託化された場合は、ａとｂのどちらが重い理由でしょうか？

ほとんどがａ　経費が安くなるから　ではないでしょうか？

すこし厳しいことを申し上げますと、ａを選んだ場合、品質重視ではない、という意味になります。

すべての宿泊事業にとって、客室は主力商品です。そして、いうまでもありませんが、客室清掃業務の本質は、主力商品の製造業務です。販売済み商品であるいわゆるチェックアウト部屋を、新品の商品として売るための業務はやはり製造業務だとおもいます。

すると、ここに製造業的発想が入り込む余地は十分にありますし、むしろ、積極的に導入すべきです。

日本旅館の場合、伝統的な木造で、しかも凝ったつくりの建築がおおいですから、客室のタイプはバラバラで、一部屋として同じタイプはないということもよくあることです。つまり、このような場合の客室製造業務は、同じタイプばかりの宿より高度なテクニックを要する、とかんがえるのが製造業的発想です。

このように、どのような手順と方法で製造するのかが問題になります。ここに、マニュアルの種が生まれます。

マニュアルに対する大きな誤解と不幸について、かんがえてみましょう。

日本にマニュアルが輸入されたのは、マクドナルドと東京ディズニーランドが代表例だとおもいます。

マクドナルド第一号店が銀座三越にオープンしたのが１９７１年７月20日です（注32）。

また、東京ディズニーランドの開業は１９８３年４月になりますから、マクドナルド開業から10年以上の開きがあります（注33）。

にもかかわらず、日本の宿は、マクドナルドと東京ディズニーランドをセットにして目の敵にしている傾向が強くあります。

その合い言葉は、たいがい「われわれはマクドナルドやディズニーランドのような画一的なサービスをしてはいない」というものです。そして、「マクドナルドやディズニーランドのような『マニュアル』は必要ない」というのも共通しています。誤解がないように強調しますと、「マニュアルはいらない」といいきっているのです。

これをどうみればよいのでしょうか?

わたしは、日本に「マニュアル・ショック」がはしったとおもっています。

マクドナルドのハンバーガーは、日本の食文化に大きな影響をあたえました。当時、銀座の歩行者天国とあいまって、歩きながらハンバーガーをかじり、シェイクを飲むということに強い抵抗感があったのも事実です。「日本人は歩きながらものを食べるようなまねはしない!」という美風の常識と現実とのギャップに、当時の大人たちはおそらく戸惑ったのでしょう。そして、誰に対してもまったく同じ接客対応を新鮮と思いながらも、冷たい機械のようにとらえたのだとおもいます。毎日通っても、その都度はじめての利用と同様の対応では、おもわず苦笑がでてしまいました。そう、決してツーカーの関係にはならないのです。

そして、十年という時間経過があるにもかかわらず、ディズニーランドが開業した直後のテレビ報道などで、園内にゴミが落ちていれば即座にほうきで掃いてしまう場面が繰り返し放送されました。「ゴミをみつければすぐに対応する」という「マニュアル」にしたがっているという係の若者の返答に大きな反響がありました。えもしれぬ機械のような動作を要求するものがマニュアルであると、ふたたび擦り込まれたとおもいます。

こうして、日本においてマニュアルは機械的な作業を強いるものとして認識されてしまう悲劇がはじまったとかんがえられます。

特に、高級旅館や高級ホテルにおいての拒否反応は、いまだにマニュアルを否定的にとらえていることからも理解できます。

わたしは、このことと、業界横並びの発想ということとの関連は強いともかんがえています。

その理由は、マニュアルの意義をかんがえることであきらかになります。マニュアルは、「自社のビジネス・モデルにおける、現状でもっともうまいやり方」が書かれたものです。

「自社のビジネス・モデルにおける」という前提がつきますから、マニュアルを作るには「自社のビジネス・モデル」を知っていることが必要です。

あなたの会社のビジネス・モデルはどんなものですか？　と聞かれて、スラスラこたえられる経営者に出会ったことがほとんどありません。これはわたしが再生をお手伝いしているからということもあります。つまり、マニュアルを否定する前に、経営者は自社のビジネス・モデルを解明することに頭脳をつかう必要があるのではないかとおもうのです。

自社のビジネス・モデルのなかに、自社の独自性がないと競争に勝てません。その独自性がお客様に理解されてこその繁盛店ですから、これは死活問題のはずです。だから、たいていの場合、理由もかんがえず昔からのやり方を続けるだけの努力をしていて、困窮化に歯止めがかからないことになります。

もうおわかりですね？　マニュアルの否定と業界の横並びの関係は、自社のビジネス・モデルを知っているか否かでわかります。自社のビジネス・モデルがわかっていれば、自社の独自性（オリジナリティー）をいかに発揮するかに注力することになりますから横並びになりようがありません。そして、その独自性をアッピールするためにマニュアルはなくてはならない、という発想に変わるはずなのです。そうでなければ、経営者がかんがえる自社のビジネス・モデルのなかの独自性を、従業員全員で遂行することは困難だからです。

さてまだあります。「現状でもっともうまいやり方」ということについても理解が不足している事例をよくみかけます。それは、マニュアルで「現状のやり方」を書いてしまうということです。

従業員がマニュアルを読んでくれない、という悩みのほとんどの原因がこれです。

現状のやり方なら、従業員のほうがよく知っています。だから、いちいち読まなくてもよいので読みません。経営者が、たまにおもいついた、現状とちがうやり方を書いて、それを経営者は読んでもらいたいとかんがえていても、現状のやり方のなかに埋まってしまっているので、そのちがうやり方に従業員は気がつきません。そうこうしているうちに、従来のやり方でトラブルが発生したりしますと、「なんでマニュアルを読んでいないんだ！」となるパターンです。

「現状のやり方」が書いてあるマニュアルをちゃんと読むのは、実は新入社員だけです。ところが、先輩諸氏によるアドバイスは、「そんなもの読むより体で覚えろ」になるか、実際の現場とマニュアルの内容の違いに戸惑うことになるのです。それは、現場は忙しいのが普通ですから、自分たちのやりやすいやり方に変えてしまうからです。もちろん、現場の工夫を否定するつもりはありませんが、一歩まちがうとたいへんなことになる危険性もあります。その場だけ楽になる方法が、製品やサービスの全体に不良をもたらすことがあるからです。

現場をよく知る従業員といっしょに、「現状でもっともうまいやり方」をかんがえるのは、楽しいことです。しかし、なにごとも追求すると苦しくなります。もっとうまいやり方はないか？　もっと、もっと、とかんがえることは、それは立派な業務です。

こうして、「現状でもっともうまいやり方」は進化します。年一回とか定期的に見直すことは必須なのですが、単に「マニュアル」のメンテナンスではなくて、もっと大きな意味を持ちます。それは、必ず、自社のビジネス・モデルともっともうまいやり方を結合させなければならないからです。

つまり、自社の独自性のあくなき追求という一点にしぼりこまれます。これがマニュアル存在意義の本質です。

さあ、これでもマニュアルなんて必要ない、と本当におもいますか？

（注32）日本マクドナルドホールディングス株式会社ホームページ（http://www.mcdonalds.co.jp/company/outline/enkaku.html）。

（注33）オリエンタルランドグループホームページ（http://www.olc.co.jp/tdr/history.html）。

2-7　品質基準が勝負

前項でのマニュアルの悲劇は、マニュアルに対する大いなる誤解が原因でした。その誤解の原因とは、自社のビジネス・モデルという事業の根本にかかわる理解度にあると説明いたしました。

ここでは、「現状でもっともうまいやり方」が書かれたマニュアルの本質をかんがえたいとおもいます。

そこで、わかりやすい事例として、最初に客室清掃を材料にします。

客室清掃という言葉は、家事における室内清掃をイメージしやすいものです。実際に家事となにがちがうのかと、とある宿経営者に問われたことがありますが、おおいにちがいます。

それは、製造業務としてプロがおこなうからです。そして、業務終了と同時に、「商品」になるからです。自宅を快適に居住するための清掃ではありません。ここをまちがえてはなりません。

いったん、プロが業務として作業したものにミスがあったら「ごめんなさい」では済まないのが一般常識です。けれども、なぜか、宿泊事業の場合は「ごめんなさい」で済ましてきた傾向があります。

「シックス・シグマ」という用語は、製造業では耳にたこができるほどのものと思いますが、宿事業のようなサービス業にかかわる方々にきいてすぐに意味を応えてくれることはあまりありません。

統計用語から生まれたものですが、４ｐｐｍという精度を求められる常識です。

あるホテルのマネジャーに、清掃ミスによる苦情が多く発生してこまると相談を受けたことがあります。客室数と稼働率から、清掃のミス発生率を計算したら1％でした。「なんだ、その程度のものでしたか。」と安心されて、こちらがこまってしまったことがあります。日本の製造業における一般的な不良品発生許容率は、４ｐｐｍです。なんだか水道に毒がはいっているような言い方です。「ｐｐｍ」は百万分の一という単位ですから、百万個に四個の不良という水準です。つまり、百万室で四部屋の清掃ミス（25万分の一）というレベルですから、１％（百に一）との差は二千五百倍です。この水準は、このホテルの客室数と稼働率で考えると、三年間で一部屋ミスが発生するという確率になります。製造業だと1％は1万ｐｐｍという言い方になって、品質担当部長は卒倒してしまうでしょう。

さて、読者が宿泊業の関係者なら、ご自分の施設の客室数と稼働率から計算してみてください。小さな旅館なら十年で一回ぐらいのミス発生ということになります。

そんなことできるわけがないと思われるかたもおられるでしょうが、これは、わたしたちが普通に生活している各種物品の不良率と考えてみてください。日本の製造業はすごい！といって感心しているばあいではありません。町工場から大工場まで、このミス率はそう変わりません。部品一個一個が組み合わさって製品になりますから、最終段階での４ｐｐｍの意味は、部品にさかのぼるほど厳しくなるのです。本書の冒頭、冷蔵庫の事例をおもいだいしてください。

これをとっくに常識化している製造業からみたら、宿泊業で１％のミス率が許容されているとすると、ぼったくりだと思われても仕方ないのではないでしょうか？　それでも「ごめんなさい」で済ませてくれるとしたら、もはや侮蔑の意味として受けとめた方がよさそうです。

別の例でかんがえてみましょう。

最近では病院のさまざまな情報が公表されています。病院選びの本も多数出版されていますが、たとえば心臓手術の成功率99％という病院をあなたはどのように評価しますか？　家族のなかに該当する疾病の患者がいて、さて病院を選ぼうといったとき、百人に一人が失敗するとかんがえると決して安心ではないですね。それでも公表しているのですから、それはそれで立派です。宿で、客室の清掃ミス発生率を公表しているなんて聞いたことがありません。そうかんがえると、宿は本当に胸を張って部屋を売っているといえるのだろうかと自己反省してもいいのかもしれません。いえいえ「快適性を売っています」といってもそうはいきません。清掃ミスは「製品不良」ですから単なる言い訳になります。

また、医療業務の中身の研究も、さまざまな業務を対象にはじまり、成果をあげてきています。ほんの一部の例をごらんください。

「病院におけるロジスティクスの定義

・医療・看護活動を支える医薬品や医療材料の効率的な供給
・患者の利便性向上のための物流サービスの提供(注34)」

このような目線で見たとき、自社には製造業や病院関係者のお客様がおおいという宿は、特に気をつけたいものです。製造業や病院関係のお客様の品質視点は、鋭いものがあるのは当然だからです。ちなみに、病院では、公益財団法人日本医療機能評価機構(注35)による評価認定がおこなわれています。

本気で客室製造業務で４ｐｐｍを達成するにはどうしたらよいか？を考えることは、できるできないではなくて、とても重要な思考訓練になります。かんがえることと実行することはちがう次元のことです。「思考訓練」を通じて、少しでも現状の改善ができればしめたものという発想が重要です。

そして、本当にその方法がみつかったら、利益が涌いてくる宿になっていることでしょう。客室だけが製造業務ではないからです。サービス業は、サービスを製造していると考えれば、あらゆる場面でさまざまなことが改善の対象になることがわかります。

本書では、すでに「宿泊業」でも「サービス業」でもなく、「情報産業」をめざしているのですから、方法をいろいろと検討することは立派な業務です。

そもそも客室のどこが清掃ミスの指摘を受ける傾向が高いのかを把握していないことが多くみられます。一カ所でないとすれば、どことどこなのかという特定が必要です。それから作業内容の確認です。そして、どのような作業方法ならそのミスがなくなるのかという研究がなければなりません。さらに、どの程度なら許容範囲であるのか？といういわば品質基準の特定が決定的に必要となります。以下、清掃委託をしている場合を想定してすすめます。

本来、このような品質基準は「客室清掃業務仕様書（以下「仕様書」）」に定められていなければなりません。これをもって、清掃業務委託契約の業務内容とするのが正しいやり方です。しかし、残念ながらわたしがお手伝いしたなかで、きっちり「仕様書」があった事例は稀有でした。よくある契約は、月々の契約料金（あらかじめ定めた稼働率を超えた場合と下回った場合の料金設定を含む）、クレームが来た場合の清掃料金の減額方法などが中心です。簡単にいえば、料金契約であって業務契約ではないのです。これが、コスト削減を優先させ、品質を後回しにした発想であることの姿です。

一方、直営での場合は、この「仕様書」に見合った内容の自社マニュアルが存在しなければなりません。つまり、業務委託契約が料金契約中心になってしまっている事例の宿は、直営であったときから、「仕様書」的な自社マニュアルがなかった、と容易に推定できます。

では、仕様書があればよいのでしょうか？ 問題は、その「仕様書」の中身なのです。業務を委託する宿側がつくるのではなくて、受託者側が用意したひな形をそっくり採用していることがあります。

毒舌で恐縮なのですが、「まるで江戸幕府のようだ」と表現させてもらっています。ご存じのとおり、江戸幕府は諸外国との条約締結にあたり、領事裁判権を外国側にわたしてしまいました。「あなたたちはよく分からないし、これは面倒だから、問題があったときにはこちらで裁きます」という甘言に乗ってしまったのです。自分たちで業務内容をまとめるのは面倒だから、業務を受託する側の定める業務内容でよしとして、お金の払い方だけに注力しているのは、残念ながらまさに江戸幕府と理屈は同じになります。しかも、その対象が、宿事業にとっての主力商品である「客室製造業務」そのものなのですから深刻です。「客室清掃業務を業者にやらせている」的な上から目線で、実態は自社の主力商品をすべて預けてしまっているのですから、そうとうにおめでたい状態としかいいようがありません。

仕様書は、次の三つの柱から成り立つはずです。

①　どこをいつどのように清掃するのか？
②　仕上がりはいかなるものか？
③　備品の在庫管理をどのようにおこなうか？

①には、時期も含まれます。毎日、週一回、月一回、半年に一回、年に一回とかです。

②は、「きれい」だけでよいのでしょうか？　どのように物品が配置されているかも重要なポイントです。

③は小規模ですと忘れられがちな重要業務です。予想消費量で半年分以上の数が一ロットになっていることが散見されます。もし、金利が上昇すれば、在庫をかかえることで金利負担までしなければならなくなります。また、備品類の購入にはロット指定があります。いまは金利が低いので気にする経営者は少ないですが、小規模だからひとがいないという理由で、在庫が放置されて倉庫内で劣化してしまっていることもよくあります。棚卸しをしていない証拠ですが、こうして貴重な経営資源（＝お金）がゴミになってしまいます。ものによってはロット買いは仕方ないかもしれませんが、ゴミになるならロットで「安く」買う意味がありません。

意外でしょうが、世界の大手ホテルでは、客室課長・支配人経験者でないと将来宿泊部長になれません。日本では、フロントや予約での経験者が昇格するのが常識というちがいがあります。外国のホテルが重視する理由は、客室担当（ハウスキーパー＝ＨＫ）が、宿泊事業のコストセンターだからです。大規模になるほど、おそらく、エネルギーを除く宿泊事業のコストの八から九割がハウスキーパーで管理する経費になるはずです。なかでも、清掃要員の人件費とおびただしい数の客用備品のコストは莫大です。これに、主力製品の製造にかかわる品質も管理下になるのですから、その重要性はいわずもがなということでの「常識」だとかんがえられます。このような「常識」も、品質に目覚めた80年代の半ば以降にできたものではないかとかんがえています。なぜなら、70年代にコーネル大学等の留学経験をもつ日本のエリート業界人から、このような常識のはなしを耳にしないばかりか、日本のホテル組織ではいまだに客室担当（ハウスキーパー）を「縁の下の力持ち」といってはばからないからです。

さて、①にもどりますと、空室清掃を加えることが一つのポイントです。しばらく使わなかった部屋では、水道水の変色や、クモの巣など、ひとが入らなかったためにおきるトラブルの元があるからです。そこで、なによりも重要なのが②の仕上がりの基準作りです。これが、いわゆる「品質基準」になります。

先ずは場所の特定です。ａ入口付近、ｂ床や畳、ｃベッド回りや床の間、ｄ洗面所、ｅトイレ、ｆ風呂場、ｇ天井、など自社の部屋にあわせて特定します。できれば拡大図面に記入するとわかりやすいです。

次に、それぞれの完成イメージです。写真をとるなどするのが一般的ですが、最近では動画もつかうことがあります。

そして、注意事項や特記事項です。たとえば、花瓶の配置位置とか、茶器の配置位置などの指示、これにミスをしやすくクレームがあった場所やその内容も重要な情報です。従来は作業チェックシートを使うなどの工夫がありましたが、最近ではタブレットＰＣでチェックして、そのデータがハウスキーパー事務所に伝えられ、状況把握がリアルタイムでできるようなことも開発されてきています。また、設備不具合を見つけたときの連絡もこれをつかうことで、連絡記録も同時にとれますから施設担当の業務効率化にも役立ちます。

以上がもっとも基本的な品質基準です。これをいかに分解し、かつ、実行可能な方法もかんがえるかで、きめの細かさがつくれます。その施設の「おもてなし」のレベルがこのように表現できるのです。

これが直営でなく、業務委託のばあい、さきほどきつく書きましたように、「品質基準」までもふくめ、清掃会社が作ったものをつかうということは、やはり残念ながらかんがえられないのです。

「二〇世紀後半の放送産業は、さてどうなるのであろうか。いまや番組そのものの制作までも外注することが進行しているようである。番組編成・送信会社化した放送会社は、それでも情報産業であろうか。(注36)」

梅棹先生が放送局を批判した一文です。これをあてはめてかんがえると、ぜんぶまるなげしてしまったら、宿は「情報産業」としてなにをもって業務とするのかわからなくなってしまいます。すでに老舗ホテルや既存会館などの婚礼事業があやういかもしれません。

わたしは、業務委託を批判しているのではありません。業務委託をするなら、アセンブリー（組み立て）方式をイメージするとよいと申し上げたいのです。業務委託先と「協働」して客室という製品を組み立てるというイメージです。バーナード理論を想い出しながらイメージしてください。バーナードは組織をひととひととの関係からひもときました。

そのかたまりである企業組織と企業組織が「協働」してつくりあげているのが宿の客室だといいたいのです。

そこで、「協働」のための話し合いが重要になります。つまりは決めるための「会議」のことです。「集合の行為論」で有名な、マンサー・オルソンは、次のようにのべています。(注37)

「たとえば、あまりにも多人数が参加しているため迅速なあるいは注意深い決定がなされない会議を想定してみよう。すべての人が会議を早く終わらせたがってはいるものの、たいていの人は、そのために、自分の重要な関心事を放棄することはない。参加者すべてが、妥当な決定に達したいとたぶん願っているけれども、そうなることはむしろきわめて稀なのである。参加者の数が多い時、通常の参加者は、彼自身の努力はたぶん結果に大きな影響を及ぼさないことを知るであろう。結局、かれが争点となる問題の研究にどれだけ多くの努力を傾けようと傾けまいと、その会議の決定からは、全く同じように影響を受けることを知るだろう。(注38)」

「ジェームズ教授は次のことを発見した。それは、さまざまな団体において、公的であれ私的であれ、あるいは連邦レベルであれ地方レベルであれ、「活動する」集団・部分集団は、「活動しない」集団・部分集団よりずっと小さくなる傾向があるということである。かれが研究した一例によれば、「活動する」部分集団の平均的規模は六・五人であり、一方、「活動しない」部分集団の平均的規模は一四人であった。(注39)」

「要するに、集団が大きくなればなるほど、その共通の利益は促進されなくなるのである。(注40)」

「いずれにしても、規模は、個人的利益の自発的・合理的追求が集団志向的行動をうみ出しうるか否かを決定する際の、決定要因の一つである。小集団は、大規模集団よりもその共通利益をより促進するであろう。(注41)」

組織と組織ですから、ひととひとより高度です。その高度さを意識しないで、たとえば、ミスの発生ごとに大騒ぎするのは、やはりちょっとかんがえものではないかとおもいます。

6人程度がもっともよいというオルソンの指摘は、経験値からもいえます。学校の班もだいたい6人でした。こうした単位のマネジメントをおこなうことが、さまざまな問題解決の有効な方法です。そこでのルールが「ロジカル・シンキング」手法の活用の場であることはいうまでもありません。責任の押し付けあいで問題が解決できるわけがないからです。

客室からはなれて、次の例はいかがでしょうか？　宿でとる朝食の場面です。

最近は、ビュッフェ形式の朝食が増えてきました。特にビジネスホテル業界では、朝食の充実が競争の対象になっています。

旅館でよく見るあまり感心しない光景として、入り口でお手ふき、皿、箸を乗せたトレーをわたしてくれる係がいて、お茶を運んでくれる係がいて、ご飯とみそ汁をよそってくれる係がいて、コーヒーを注いでくれる係がいて、などなどがあります。それから、料理を取るのに、トレーを置くスペースがないとか、なにより、前の人の下げものが間に合わないので、お客はいないが座る席がない、という状況をよくみかけます。

ビュッフェ式の料理は、お客様側が動くベルト・コンベアーとしてかんがえなければなりません。「われわれは工業とはちがう」といっても、この状況はまちがいなく工業的です。どのような順番で料理を並べるかの工夫が重要なのはわかりやすいのですが、そこに従業員をいかに配置するかについての組み合わせができていない例です。

セルフサービスだから、提供側は料理を並べるだけ、というわけにはいきません。こんなところにもバーナード理論（注42）がでてきます。バーナードは、組織論のなかで、お客様も組織に加えてかんがえていることを思いだしましょう。

朝食ビュッフェの組織目標とはなんでしょうか？

宿によってちがってよいことですから、是非独自アイデアを出すことをお勧めします。ここでは、仮に「健康的で楽しい朝食の提供」としてみましょう。そして、重要顧客層は四十代以上のビジネスマンにしてみます。つまり、この年齢層なら管理職層になります。

ちょっとお疲れ気味の管理職なら、そこそこ健康にも気をつかう年齢です。さらに、このひとたちは出張族ではないか？と考えると、かなり偏った食事をとらざるをえない状況が予想できます。わたしも投資銀行時代は出張ばかりでした。

ここで、わたしの出張をナラティブ（語り）してみたいとおもいます。

国内出張で、目的地が一泊ごとに変わると、五泊六日程度の日程でも海外旅行並みの荷物になります。一番きついのは洗濯ができないことです。スーツ類もよれてきて、せめてプレスにだしたいとおもうのですが、なかなかかないません。帝国ホテルのランドリーは世界的にも評価が高く、仕上がりはさすがです。グレードはちがいますが、わたしも出張族を経験して、ランドリー・サービスの充実がどんなにうれしいものかを実感しました。そこで、日程の途中に連泊地を入れる工夫をしました。こうすれば洗濯にだせるからです。同僚で、百円ショップの下着を使い捨てする出張のつわものがいたのをおもいだします。

また、奥様が専業主婦のひとのばあい、途中日程の宿に宅配便で着替えがとどいていることもありました。送ってきた箱に汚れ物をつめて送り返していました。

このように、出張族はそれなりに生活者としての気をつかっています。ですから、食べるもの、特に自分の自由になる唯一の食事である、朝食には意外とこだわっているひとがおおいとおもいます。昼と夜はたいていが出張先のみなさんが同席することになりますから、メニューを好きに選べないことがおおくなるのです。

そうなると、温野菜やおひたしなどが豊富で、地元の特徴がはっきりわかるホテルの朝食のファンになります。「どうせ寝るだけ」なのですが、そういいながら、朝ごはんの充実している宿をみつけると、次回もその宿を手配しました。最近では会社の健康診断で「メタボ」検診がありますから、むかしより意識するようになってきました。豪華（高カロリー）な朝食をだす宿にあたると、わかってないなぁと感じてしまいます。

いかがでしょうか？　なかなか長期出張にでられないまじめな宿のみなさんの参考になればとおもいます。

さて、ビュッフェ方式はお客様側が動くベルト・コンベアーだと申し上げました。ですから、提供側の目線として、渋滞も考慮にいれると丁寧です。

なぜ渋滞するかを考える「待ち行列理論」については百年ほど前から研究がはじまり、第二次大戦中に完成されたといわれています。[注43] 最近ようやく日本でもこの理論の利用がはじまり、銀行のキャッシュ・ディスペンサーの並び方の工夫や、電車やバスの時間調整などが具体的な応用としてわかりやすい例です。

朝食ビュッフェですと、ご飯やみそ汁あたりで渋滞する例が多く見られます。ほかの料理を取るより手間がかかるためですから、混雑がひどい場合は二カ所に用意するとスムーズになります。

余談ですが、夕食のビュッフェの場合、業績のポイントになるのは飲料、特に酒類の販売です。パスポート式入場料が、ビュッフェ式店舗の食事料金にあたりますから、売上を伸張させるものは追加の乗り物券のように有料の飲料販売だけになります。ですから、テーマパークのビジネス・モデルを勉強することは、ビュッフェ式店舗を上手に運営するのに参考になります。

ここで「うまい」例をご紹介いたしましょう。

わたしが講演ではなしたことを、現実に見せてくれると、たいへんうれしいものです。

数年前に、ホテル・旅館各社さんから選抜された方を対象に、「総支配人養成講座」を東京の銀座でおこなったことがあります。JALホテルから参加された紅一点の山本智恵子さんが、その後、グループで女性初の総支配人に就任（当時、JALシティ横浜関内）されました。講座の題名通りなので、ニュースだけでもうれしかったのですが、山本さんから連絡をいただき、試泊ということで家内と一泊朝食付きで招待されたときのエピソードです。

わたしが指定した日は週末で、偶然にも近隣で伝統あるダーツの世界大会が開催されていて、満室という状況でした。チェックインで、翌日の朝食が、レストランの席数不足で大変な混雑が予想されるとの案内をもらいました。そして、部屋からレストランに電話をいれて席の確認をしてほしいというのです。家内は夜になって近くの飲食店での合流でしたから、この案内は聞いていないはずでした。

翌朝、部屋の電話で家内がだれかと話しているので、なにごとかとおもいました。いただいた朝食券に「満席が予想されるので食事前にレストランへ連絡をお願いします」と印刷されているからというのです。これで二重のプロテクトがかかっていることになります。実際、現在満席なので10分ほど待って欲しいとの案内でした。しばらくすると、店から席ができたとの電話がありました。エレベーターで降りると、納得のいく混雑具合です。すると入口の係の男性が「青木様ですね?」と声をかけてくれました。「たいへんお待たせして申し訳ありませんでした。」といいながら店舗内へ誘導してくれ、一つだけある空席には「RESERVED」の札が置いてありました。その札をとりながら、「青木様のお席はこちらです。」といわれたときには、じつに心地よい気分になったのです。

お客様を待たせているのによろこばせることは可能なのです。

よく見ていると、「RESERVED」の札はそれからも大活躍で、ものの数分もおなじテーブルにありません。しかし、つぎから次へとやってくるお客様はみな笑顔になるのです。ここで、注目すべきはやはり従業員さんたちの動きです。お客様を笑顔にさせる方法を知った従業員さんたちは、それをエネルギー源にして、ものすごいスピードで、しかもがさつではなく、食事がおわったテーブルを片付けるのです。この光景が、また、この空間を活気づけるのですから、何重にも見えない心地よさがつくられているのです。

すっかりお客様が引いた時間に、山本総支配人とはなしができました。

彼女は、わたしが講義した「サービス設計」のやり方を復習しただけだと笑顔でかたってくれました。建築上の制約から、部屋数とレストランの席数があわないことを理由に、これまでは苦情ばかりだったことを、みごとに逆転させた総支配人の仕事に感銘を受けました。

そして、従業員のみなさんは、開業時からこのやり方をしていたのだとおもい始めているともはなしてくれたのです。さらには、常連のお客様で、とくに混雑が予想される日を指定する方がいらっしゃるとか。よほど心地よいのでしょう。

まさに、従業員とお客様がおなじ組織で協働している姿だとおもいます。

この素晴らしい事例は、しかし、奇跡ではありません。

まず、総支配人は朝食をナラティブしてみました。自分がお客様になって、いちばんの不満が「待たされたこと」だったのです。「お待たせしていること」ではありません。このちがい、おわかりでしょうか？お客様にとっては、意味なく待たされているのです。しかし、提供側からすれば、数々ある問題点のなかで、「お待たせしている」というのは日常的に埋もれてしまいかねない問題ですし、さらに、物理的制約があれば、「しかたない」と無条件にあきらめてしまうことになるでしょう。

まっさきに、この店舗の真の問題を見抜いたことから、「奇跡的な」物語がはじまるのです。

「情報産業」としてとらえれば、フロントでの口頭の案内（＝セリフ）、手渡しする食券の印刷における文言（＝二回目の案内）、これらは、お客様を組織に取り込むための誘導として事前に計画されているものでした。

この本では、ひとが口から発することばは、動的情報です。物質に落とし込んだものは静的情報と整理しました。つまり、たったこれだけでも、動的と静的な情報が一致してつくられているのです。そんなことは難しくいわなくてもわかる、といわれそうですが、これに乗じたお客様が、お客様役割として翌朝に電話して来て、テーブルができたところで電話をかえし、来店したところで名前で声かけする、という一連の手順の流れは、全部で5工程になります。もしかすると、これに予約時からの案内があれば、2工程増えて7工程になります。なぜ2工程なのかといえば、予約時に混雑の案内をする、と決める工程があるからです。

「朝食の混雑をいかに克服するか？」についてだけで7工程です。

①　予約時からの案内をすることを決めるのは誰で、なにが決定基準なのか？

② 予約時に確実につたえるための「セリフ」はだれがかんがえ、どのように職場全員に伝え、漏れなく案内するのか?

③ フロントで渡す食券の印刷はだれが行い、そこに入れるメッセージ文言はだれが起案し、どのパターンをつかうかをだれが判断するのか?（いつも満席とは限らないため）

④ フロントでのチェックイン時の案内の「セリフ」はだれがかんがえ、どのように職場全員に伝え、漏れなく案内するのか?

⑤ レストランで、お客様からの電話を受けるのはだれとだれで、どのように受け答えるかの「セリフ」はだれがかんがえ、どのように職場で伝えるのか?

⑥ レストランからお客様に電話をするのはだれとだれで、どのような「セリフ」かをだれがかんがえ、どのように職場で伝えるのか?

⑦ お客様が来店したとき、だれとだれが対応し、どのような「セリフ」をかんがえ、どのような対応をかんがえ、職場全員にどのように伝え、案内するのか?

以上の「?」の数に対応したものが、それぞれの「品質基準」です。これを事前に準備して決めておくことが、すなわち「サービス設計」することになります。

面倒にみえますが、これらを実際におこなうことでお客様の笑顔というボーナスが手にはいります。

ここで注意してほしいのが、最初の検討テーマは「朝食の混雑をいかに克服するか?」だったことで、「ご案内によってお客様の笑顔をもらおう」ではありませんでした。だからボーナスなのです。

結果的にたまたまよかった、ということは待ちぼうけのようで消極的です。

それでは、「混雑している朝食でお客様の笑顔をもらうにはどうしたらよいか?」に設定を変えてみましょう。まずは、重要顧客の想定です。このホテルは港・横浜という観光地にあるのですが、県庁所在地のビジネス中心街でもあります。わたしが宿泊したのは週末でしたから、観光客のほうがふだんもおおいでしょう。そこで、重要顧客を中年夫婦の観光客、と設定いたしましょう。すると、このひとたちの宿泊目的は、当然周辺観光となるでしょう。すぐ近くには中華街もあります。街に御馳走を提供するレストランがたくさんあるのだから、ホテルとしては負けない内容にしなければならない、として、豪華なメニューづくりに集中する可能性があります。重要顧客の本人たちは、昼や夜の食事に重点をおいているかもしれないので、ホテルの朝食への興味はあまり高くはないかもしれません。むしろ、健康的なメニューが好まれる可能性があります。そして、はやく観光に出かけたいのが本音でしょうから、あまり朝食時間は長くしたくないことでしょう。

こうしてかんがえると、メニュー内容に手を入れる努力ではなく、やはり混雑をいかに解消するかが優先順位としてたかくなるはずです。しかし、混雑は物理的に仕方がないとして解決方法をかんがえるのをやめてしまったり、混雑することを前提としてしまうと、解決はほど遠く、不満だけが生産される、すなわち「嫌われる努力」をしてしまうことになります。

このように設定を変えると、こたえが変わる可能性が高まります。ですから、あくまでも顧客の目線からの発想と設計が必要なのです。

ところで、いつも混雑している、ということを利用者数と席数で割算してもなかなかこたえはみつかりません。このようなばあいは、混雑することの理由をかんがえることが必要です。別のホテルで、朝食改善をおこなうとき、お客様が持参する食券を10分ごとに箱にいれて、あとから勘定してグラフにすることをしました。すると、7時の開店時に一斉に入店し、おおよそ20分でいれかわってゆくことと、つぎの入店の波は一時間後ぐらいの8時ということがわかりました。このホテルは典型的なビジネス客層で、周辺もビジネス街でした。

おそらく、どこでもこのような山があるとおもわれます。つまり、開店してから平坦にずっと混雑がつづくのではなくて、お客様の行動にいくつかのパターンがあり、寄せてはかえす状態がある。すなわち、席に余裕がある時間があるということがポイントになります。

ということは、山をけずって埋め立てするように、ピークの山をけずって空き時間に埋めればいいということになります。つまり、全宿泊者を対象に案内しなくても、一部の方を移動するだけでスムーズな席状態をつくれる可能性があるということです。

つぎに、お客様がいちばんうれしく感じることはなにか？　ということです。おおくのばあい、パーソナルなサービスがあったときです。つまり、「あなたは特別だ」という扱いをしてもらったときです。

ですから、ホテル側の顧客情報で、よくわかっているひととそうでないひとに分類することは悪いことではありません。そして、協働相手としての顧客を特定するという作戦は有効ですから、「常連客」にその役割をになってもらうにはどうするのか。これを実務ではもっとこまかく分解してみるとよいでしょう。

じっさい、何人に動いてもらう必要があるのかの想定では、宿泊予約状況から分析予想しなければなりません。朝食会場は予約制ではありませんから、きっちりとしたコントロールはできませんが、そのぶん自由度もあります。

さて、このように情報を仕込んでみると、常連客とホテル側が認定する重要顧客には、全員「協働」の可能性があります。今後も「協働」をしてもらうという決断をすれば、対象者全員を混雑を避ける電話連絡オペレーションに参加してもらう設計ができます。こうして、顧客を教育すると、説明の手間まで省略が可能になりますし、場合によっては説明すると「わかってる！」と逆に不快にさせてしまうこともあります。さらに、すすめて、「いつもの席」を用意するための設計をすると、これはもう他施設には浮気しない状態になるでしょう。

以上のような手順で、品質基準を定めたサービス設計をすることで、偶然性ではなく、確実性をもって「お客様の笑顔」をつくることができます。

（注34）苦瀬博仁（２００５）『病院におけるロジスティクス構築の考え方とこれまでの取り組み』第一回22世紀医療センターシンポジウム　東京大学大学院医学系研究科　ホスピタル・ロジスティクス講座、５頁。
（注35）公益財団法人日本医療機能評価機構（http://jcqhc.or.jp/works/evaluation/）。
（注36）梅棹忠夫（１９９９）『情報の文明学』情報の考現学、２７２頁。
（注37）マンサー・オルソン（１９８３）『集合行為論』（公共財と集団理論）依田博・森脇敏雅訳、ミネルヴァ書房。
（注38）前掲、オルソン、63頁。
（注39）前掲、オルソン、64頁。
（注40）前掲、オルソン、32頁。
（注41）前掲、オルソン、44頁。
（注42）本書、２-２「うまい働き方」（１０９頁）を参照のこと。
（注43）高橋幸雄・森村英典（２００１）『混雑と待ち』朝倉書店。

超辛口コラム６「中小製造業の管理職」という顧客

温泉旅館ではすくないが、ビジネス系のホテルや旅館ではよく聞くはなしだ。

当館のおもなお客様の職業はなんですか？ という質問のこたえに製造業の管理職がおおい。そして、大手さんですか？ それとも中小さんですか？ と質問すると、たいていは「うちは中小さんが多いかな」というこたえになる。その言葉のうらには、謙遜して「中小」といっているのが見えかくれする。

大手企業につかわれる宿は、地元では「大手」で「高級」なのだという発想だ。うちなんか小さくて決して高級ではないのだから、「中小」さんが多いのはあたりまえだ、と思い込んでいる。

この国の産業構造を知っていて、さらに予約ソースの分析をしていてのこたえならまだしも、残念ながらそのどちらでもなく、勘でこたえていることの方がおおい。さらに、困ったことに、その「勘」がおおよそあたっているのだ。「あたっている」ならいいじゃないか。といわれればそのとおりなのだが、この議論は続きがある。

この国の企業数を確認しよう。「大手」とは、ほとんどのばあい上場企業をさす。わが国の上場企業数は、東京証券取引所で３４３１社である[注1]。

２０１４年版中小企業白書[注2]によると、大企業＝１・１万者で従業員数は１３９７万人、中小企業＝３８５・３万者で３２１７万人、と発表されている。「社」ではなく「者」と記載されている。

つまり、中小企業の会社数は大企業の数を圧倒し、従業員数でも２・３倍になるのだ。だから会社の数に比例するとすれば、大企業に比べ中小企業の管理職数は、圧倒的になることはあきらかである。これは、謙遜して「うちは～」ではなく、メインターゲットと呼んでよい層になる、ということをまずは確認したい。

次の問題は「製造業」という問題だ。本文でも紹介しているが、製造業の常識は「６σ（シックス・シグマ）」である。製品１００万個に４個（４ｐｐｍ）の不良品が許容範囲である。大企業に製品を納入している中小企業が、大企業から要求される品質のレベルは不良を許されない。つまり、自社で４ｐｐｍを取り除いて納入するからだ。

このことが意味するのは、不良品を発見する技術が必須になるということである。わるく言えば「あらさがし」をしなければ「技術」にならない。これを毎日かんがえているのが中小企業の製造業の常識である。その管理職とは何者か？　を宿は知らなければならない。

職業人として、毎日「あらさがし」をしていると、どの場面においても「あらさがし」をしてしまう。日常生活の数々の場面も対象になる。どこにアイデアのタネがかくれているかわからないからだ。そんな「訓練」を日々しているひとがお客様でやってきている。

宿のサービスについて、おそろしく厳しい目で観察されているのだという自覚を持たなくてはならない。

（注１）　東京証券取引所　２０１４年8月25日更新 http://www.tse.or.jp/listing/companies/

（注２）　http://www.chusho.meti.go.jp/pamflet/hakusyo/H26/download/140425OOh26-Gaiyou.pdf

3　実務の組立

これまでのべたように、事業再生の仕事にかかわっていると、そこではたらく人々には、共通した特徴をみつけることができます。それは、残念ながら、成功体験の少なさです。

10年から15年と、かなりの時間をかけて窮乏化しておりますので、業績と同様にじわじわと、しかし確実に成功体験が減少していきます。そして、さらに残念なことに、正解には遠い（あるいは単に決定的失敗をしていないだけの）ところにあるとおもわれる小さな成功にしがみついてしまうということも、共通してみられることです。

もちろん、経営に「正解」はありません。いかに正解に近づくかということに誰でもがあがいているのです。しかし、そこにはさまざまな論理的なアプローチが開発されていたり、あるいは独自に研究して応用してみたりと、それなりの確度をもって問題解決の努力がされ、また実際に問題解決がなされています。

わたしが残念とおもう理由は、ふかくかんがえた形跡がなく、厳しい言いかたになりますが、従来どおりの横並びの安易なまねっこで安穏としてしまうという「ちいさくかたまった成功体験」があまりにもおおいのです。当然これは個人のことだけではなく、組織ぐるみになっています。そして、ここが重要なのですが、職業人としての人生の貴重な時間が無益に消費されてしまっていることなのです。「専門」を追求して、地域の業界内で一目置かれるようなこともなく、単に、その組織でおおくの時間をすごしたことが価値にみたてられているのです。ですから、転職もできません。

このような状態は、一種の「病気」に罹患しているともいえます。長い時間をかけていますから、まさに慢性病といえるでしょう。

そこで、医療における対処を参考にすることは合理的です。人間集団が企業組織をつくるのですから、人間を対象にする医療が無意味のはずがありません。これまで、本書では医療サービスも「サービス」をかんがえるうえでの参考にしてきましたが、ここでは、現代医療そのものからの知見を参考にしたいとおもいます。

世界的に有名なイスラエルの健康社会学者アーロン・アントノフスキーが唱えた、「健康生成論」(注1)の中心になるかんがえ方に、ＳＯＣ（Sense of Coherence＝〝生きる力〟）という概念があります。

そもそも「健康生成論」というのは、

「従来の医学に代表される疾病生成論（パソジェネシス）と対を成し、疾病生成論が、疾病はいかにしてつくられるのかという観点から、その要因すなわちリスク・ファクター（危険要因）とそのメカニズムを明らかにして、まとめ上げられてきた理論であるのに対し、健康生成論は、健康はいかにして維持、回復、あるいは増進されるのかという観点から、それにかかわる要因すなわち健康要因（サリュタリー・ファクター）とそのメカニズムと背景について新しく仮説的に示された理論である。

ＳＯＣは、こうした健康生成論の要の位置にある健康要因として概念化されたもので、内容的には、ストレス対処能力とも健康保持能力とも呼べるものである。それは、近年のわが国で流行している「生きる力」にも近い。(注2)」

業績を回復したい、というのは、体にたとえれば健康にもどりたい、ということとおなじだとかんがえれば、いま、健康ではない＝業績が悪い、ということは、生きる力＝ＳＯＣも弱っているとかんがえてよいとおもいます。

生まれてからの人生で、いかにＳＯＣを高める教育指導をうけるか？という問題は、両親や学校、職場など、さまざまな社会的経験の影響をうけてきます。幼少時、それは日本では「躾」とよばれるものかもしれません。十分に成人したひとびとが、ある企業組織に入社して、そこでの環境に適応しようとするとき、ＳＯＣはいかなる状態になるのか？をかんがえると、「強いＳＯＣ」と「硬いＳＯＣ」という区別が参考になります。「ＳＯＣ」を「生きる力」と読み替えると、「生きる力が強いひと」と「生きる力が硬いひと」とはどんなことなのでしょうか。(注3)

「歴史の試練に今日まで長く耐え、かつＳＯＣの中心的な源になっているような慣習に深く根ざしている人は、硬いＳＯＣよりもむしろ強いＳＯＣをもっている可能性が高い。新しい適応の問題への答えも、古くから試され検証済みの枠組みにいつでもはめ込むことができる。それとは対照的に、孤独な人や、人生のいかだにしっかりとしがみついてさえいれば虚無という恐ろしい不安が解決されるかにみえる一連の答えが供給される、新しい束の間の教義にとりつかれている人は、絶え間なく押し寄せる人生の荒波にのまれてしまう可能性が高い。」

後段の説明が「生きる力が硬いひと」です。なんとなく不幸のにおいがします。なんでもいいから組織にしがみついてさえいればなんとかなる、というかんがえにとりつかれた人間集団がつくる組織は、硬直した組織と呼びますが、やはり「硬い」のです。

「SOCの強い人は、ルールと戦略のバランス、蓄えられた情報と潜在的な情報のバランスをとろうとする。そういう人には、新しい情報を意味づけられるという確信がある。また、そういう人は、世界を挑戦とみなすことやフィードバックを受け入れることに対して、ほとんど危険を感じていない。」

いますね、こういう二つのタイプのひと。

「いい会社」には、当然SOCの強い人がおおくみられます。「残念な会社」には、いないのではなくて、少ないか、以前いたけれども退社してしまっていたり、SOCの硬い人や弱い人がSOCの強い人を圧迫していたりします。

再生の場で、「いいひとなんだけど頑固で扱いにくい」という評価があるひとは、SOCが強いひとであることがよくあります。個別に面談すると、自己のかんがえをしっかり持たれていて、まわり（SOCの硬い人や弱い人とおもわれる大勢）から浮いてしまっていることがあります。当然ですが、このようなひとをリーダーにして改善をはかると、驚くほどの成果をだすことがおおくあります。

興味深いことに、SOCを鍛えるのは、ストレスに対処する経験をもつことだといいます。つまり、ストレスをうけることで学習するのです。人間、ストレスがないまま育つとろくなことにならない理由がここにあります。ストレスをあたえる側（刺激）を「ストレッサー」といいます。「ストレッサー」にはどんなものがあるのでしょう。

「（ストレッサーの）その特性とはすなわち、一貫性のなさや、過小負荷もしくは過大負荷、意志決定への参加からの排除といった特徴をもつ人生経験のことである。(注4)」

人生経験がストレスのもと、であるのですから、人生とはストレスに対処することの積み重ねということになります。

それにしても、ストレッサーの特徴であげられたことは納得いきます。

・一貫性のなさ
・過小評価
・過大評価
・意志決定への参加からの排除

管理職の部下への対応で、評価基準にしたいことばかりです。経営者にとっては、つねに自問自答をくり返したいことです。

一貫性のない刺激がつづけばストレスになります。過小評価はよくありますが、過大評価という刺激がつづけば、やはりストレスになります。「褒め殺し」という言葉もあります。そして、意志決定への参加からの排除は、いわゆる「無視」されることです。

みなさんも、このポイントについてこれまでの人生で思い当たることがあれば書きとめてみてください。たくさんあるかとおもいます。

「裕福さ、自我の強さ、文化的な安定性など、いずれの点でも、人はそれぞれの連続体上のどこかに位置づけられる。連続体上の位置が高い人ほど、強いSOCに役立つタイプの人生経験をより多くするだろう。その位置が低い人ほど、その人生経験は弱いSOCをもたらす可能性が高い。(注5)」

裕福度の連続したどこかの位置、自我の強さの連続したどこかの位置、というように、さまざまな条件を連続したどこかとしていることも、イメージしやすい説明です。そして、それらの位置が総じて高いひとほど強いSOCに役立つ人生経験をするという指摘は、ドキリとさせられます。

企業の社会的責任には、他人の人生を預かるという、きわめて大きなものが含まれるとかんがえれば、単に業績が問題ではなく、経営内容によって、従業員それぞれの人生の意味までもがちがってしまいます。

人生にはさまざまなストレッサーがやってきます。満員電車に毎日のらなければならないことや、会社での人間関係、さらに業績への貢献における自分の役割、そして、家庭でのできごとなど、容赦なくやってきます。これらにいかに対処し、自己の健康を維持することができるのかは、SOCにかかっているのです。

そして、アントノフスキーのユニークなところは、「首尾一貫感覚ＳＯＣ」の重要さをうったえ続けていることです。

「首尾一貫感覚ＳＯＣ」とは、生活世界が首尾一貫している感覚です。つまり、ブレなく生きているという感覚です。そして、この感覚の特徴は、自分だけでなく周辺の人や物も巻き込むことでストレッサーによる刺激をはね返す力になるということなのです。「周辺の人や物も巻き込む」とは、つまり、うまく利用するということなのですが、ひんしゅくを買うような「利用」ではないことが重要です。つまり「うまく」利用することなのです。

たしかにこういうひとはいます。なぜかわからないけど、ある人からの頼みだと、ことわれなかったり、上手にリーダーシップを発揮するひとがそうです。

おもしろいことに、この力をえるために、ストレス対処を経験する必要があるのです。

それが、ストレッサーの特性で引用した経験です。

・一貫性がある
・過小負荷─過大負荷ではないバランスのとれた負荷である
・意志決定への参加をする

いつも一貫性がある環境にいて、バランスのある負荷が適度にあり、意志決定に参加させられるような幼少時の経験が、いかに本人の人生経験にとって重要か、をおもうと、「育ち」がとてつもなく大きな意味をもつことがわかります。

ここで、業績改善のはなしにもどりますと、以上の三つの経験を体系的に実施することが「治療」になるということです。相手は大人ですが、再生企業のばあいは、入社してからの経験が「首尾一貫感覚を鍛える」状況とは逆のことが日常だったとおもわれます。ですから、年齢に関係なく、ＳＯＣを鍛えるための経験をしてもらうことが「治療」になるのです。

（注１）アーロン・アントノフスキー（Aaren Antonovsky）／山崎喜比古、吉井清子監訳（２００１）『健康の謎を解く（ストレス対処と健康保持のメカニズム）』有信堂高文社。※原著は１９８７年。このほか、参考に、リチャード・ラザルス、スーザン・フォルクマン／本明寛、春木豊、織田正美監訳（１９９１）『ストレスの心理学（認知的評価と対処の研究）』実務教育出版。※原著は１９８４年、がある。

（注２）前掲、訳者前書き、ⅰ－ⅱ頁。

（注３）前掲、30－33頁。

（注４）前掲、34－35頁。

（注５）前掲、34頁。

３－１　変化のステージ・モデル

それでは、その「治療」のプロセスはどうかといえば、「変化のステージ・モデル」を応用することが効果的です。(注６)

・無関心期＝気づき、経営情報の提供

・関心期＝動機づけ
・準備期＝小さな目標設定
・実行期＝問題解決の方法、やった感を高めるサポート
・維持期＝成果の実感、フォロー

各期にすんなり進まず、いっては来たりをくり返すことになるでしょう。とにかく維持期にまで我慢強く進むことが重要です。

(1)　無関心期から関心期

再生や改善の取り組みの直前がこの期にあたります。

とくに再生のばあい、経営責任というかたちで役員などの顔ぶれが変化していたりするものの、従業員サイドではなにが起きているのかよくわからない、というのがほとんどです。

破たんにいたる過程にみられる症状として、経営情報についての無関心がもっともよくみられます。これには経営者側の事情と従業員側の事情にわけて理由をかんがえることができます。

経営者側の事情は主に二つあります。

一つは、具合が悪い経営状況を従業員に知られることが恥ずかしい、というかんがえ。

そして、もう一つは、経営数値を従業員に見せても理解できないだろう、というかんがえです。

どちらも経営者個人の感情が先にあるようにおもえます。従業員が理解できないというかんがえの裏には、う

まく説明できない、という問題もあります。

一方、従業員のほうは、経営は社長がしているのだから自分たちは関係ない、という最初から経営への無関心があります。これには、予算管理制度や人事評価制度がないなど、従業員も達成感が得られるような仕組みができていないことが主な原因ですから、一概に従業員側だけに問題があるとはいえません。しかし、だからといって無関心ですむことではありません。

破たんした会社の従業員さんたちは、経営責任をとった元経営者から「命令」されるだけで会社を運営してきたのかというと、そうではありません。とくに日本企業のばあい、「命令」よりむしろ「提案」のほうが日常的な意志決定方法です。

たとえば、販売単価をあげるべきとかんがえる経営者がいても、従業員が「社長、ライバルも値下げしました。当社も価格を引き下げないと競争になりません。」と提案されれば、いやいやでも「わかった。」といって意志決定していることがあります。これは、「いや、品質を向上させて単価を引き上げるように努力しよう！」と発言した経営者も従業員もいなかった、という意味でもあります。

つまり、従業員にも破たんの責任はあるのです。

このことは、きわめて重要です。

わたしの投資銀行時代、再生の現場で「青木さん、われわれが努力して立ち直っても、この会社を売却するんですよね？」と質問されたことが何度かあります。

答えは「そうです。買ったときより高く売却します。」です。そして、たいがい、がっかりした顔になるのです。

しかし、そうではありません。がっかりすることはまったくないのです。「高く売れる」ということは、「高く買うひとがいる」ということです。高く買うひとは、損するつもりで買うのではありません。利益が出ると確信してその値段で買うのです。では、なにをもって確信するのでしょうか？　間違いなく不動産価値を評価しているのではありません。収益力を評価しているのです。その収益力の源泉は、ひと、です。とくに宿泊施設などのホスピタリティー産業は、ひと＝従業員のオペレーション力がしっかりしていなくては事業になりません。

つまり、従業員さんたちの「働く力」を買っているのです。

この「力」こそが、ここでいう「SOC」です。ですから、みずから努力した結果が「売却されてしまった」ではなくて、「ようし、高く売れた」とよろこぶべきです。その高い評価は、かならず従業員に還元されるはずです。なぜなら、待遇が改善されなければ「高い評価＝SOC」の従業員さんたちが流出してしまいます。このような高い評価の従業員さんたちは、転職が可能になっています。すると、この施設の運営はあっという間に危機的状況になってしまいます。そうなれば、一番損をするのは、待遇を改善しなかった投資家になります。事業家でもある投資家は、そのようなリスクを回避します。ですから、SOCの高い従業員集団こそ、もっとも価値がある存在だということになります。

以上のような例もふくめ、この期は、「気づき」が重要になります。しかも、「深い気づき」があることです。そのためには、過去の経営状況からなぜこのような苦境になったのかをかんがえることが必要です。だから、ここでは経営情報の開示は必須になります。そして、従業員の側もなにが問題だったのかを真摯にかんがえる時間をもうけることが必要となります。

「気づき」は、ひとの行動の動機になります。ですから、再生や改善の活動をはじめるうえで、もっとも重要な時期がこの期になります。

わたしは、再生や改善のキックオフとして、全体会議の場でトップからの講話をふくめて理解をうながす方法をつかっています。また、職場のキーパーソンを選抜して、プロジェクト型のチームをつくることを推奨しています。

ここで、時系列はさかのぼります。一般従業員を巻き込む活動を開始する前に、最初に発足させる重要なプロジェクトは、トップあるいは経営幹部社員による「経営理念の確定」です。これは、かならず必要な手順になります。

そこで、経営基盤として再構築すべき構造はなにか？　をかんがえなければなりません。

日常業務の改善とはちがって、事業再生レベルになりますと、経営理念や経営ビジョン、事業コンセプトといった、たいへん大きなテーマについての議論が欠かせません。

従来の反省点として、首尾一貫性に欠けることの理由は、経営理念がない、あるいは存在が希薄になっている、とか、理念から日常業務へのつなぎ方がわからないなどがあります。加えて、重要顧客の特定なくしての事業コンセプトはありえません。

つまり、業績不振や困窮化のメカニズムは、図3－1－1、図3－1－2で示した経営構造の図式の各欄すべてが虫食い状態であるからともいえるでしょう。

図3－1－1が経営理念－経営ビジョン－事業コンセプト－経営目標（年次予算）までの「理念系」で、図3－1－2が、お客様は誰なのか？（重要顧客）－提供する価値－仮説の事業コンセプトの「顧客系」です。なお、仮説の事業コンセプトは、最終的に図3－1－1の事業コンセプトになります。

この二つの図は「経営目標」でつながっていることをご確認ください。

理念は理念、サービスはサービスといった場面だけでかんがえると、みずから頭（理念）と体（サービス）を分裂させてしまいますから、首尾一貫した経験を従業員にも、お客様にもあたえることができません。

「理念」という抽象的概念から、日常業務までのつながりは、ふだんなかなか意識することができないかもしれませんが、一直線でつながっていることに注目してください。

そして、この図の中心となる部分が、重要顧客の特定、になります。重要顧客が特定できないと、提供する価値の特定もできません（注7）。一方で、重要顧客の特定ができない状態で「経営目標」の達成ができるのでしょうか？

そこで、もう少しくわしく図3-1-1と図3-1-2についてご説明しましょう。

図 3-1-1　経営戦略を構造化する：理念系

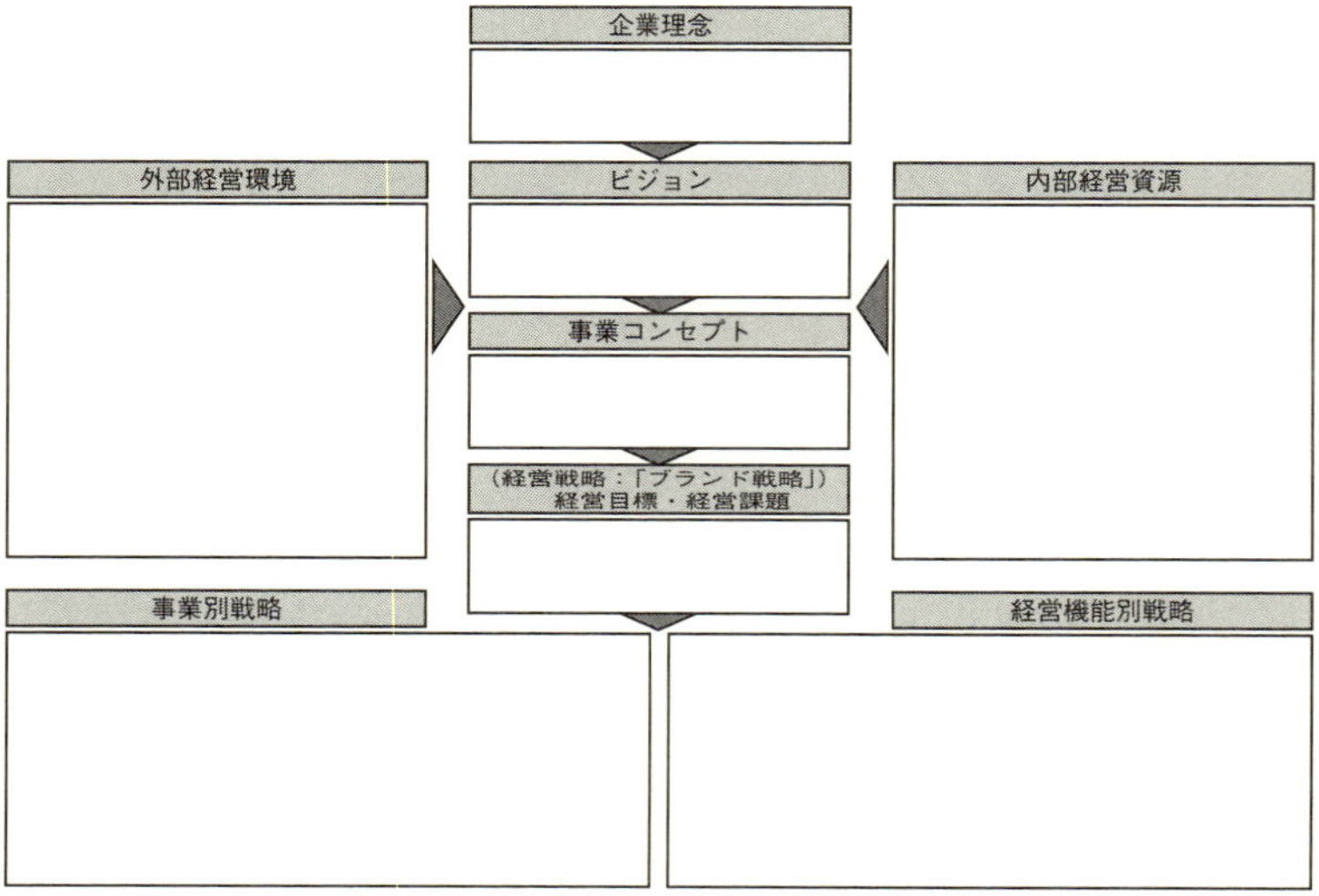

（出所）　著者作成。

まず「理念系」である図3－1－1です。

この図の最上位は「企業理念（＝経営理念）」です。

経営理念は、その企業組織が存在し、継続する理由が書かれたものです。いわゆる企業にとっては「憲法」にあたるものですから、根幹をなす概念です。不思議と、業績のよい企業組織は、トップからパート、アルバイトの従業員にいたるまで、まさにぶれなく経営理念が理解されています。反対に、業績がおもうようにいかない企業組織は、あろうことかトップからして経営理念を深く意識していることはありません。したがって、社員はもとより、パート、アルバイトの従業員も、自社の

図3-1-2　経営戦略を構造化する：顧客系

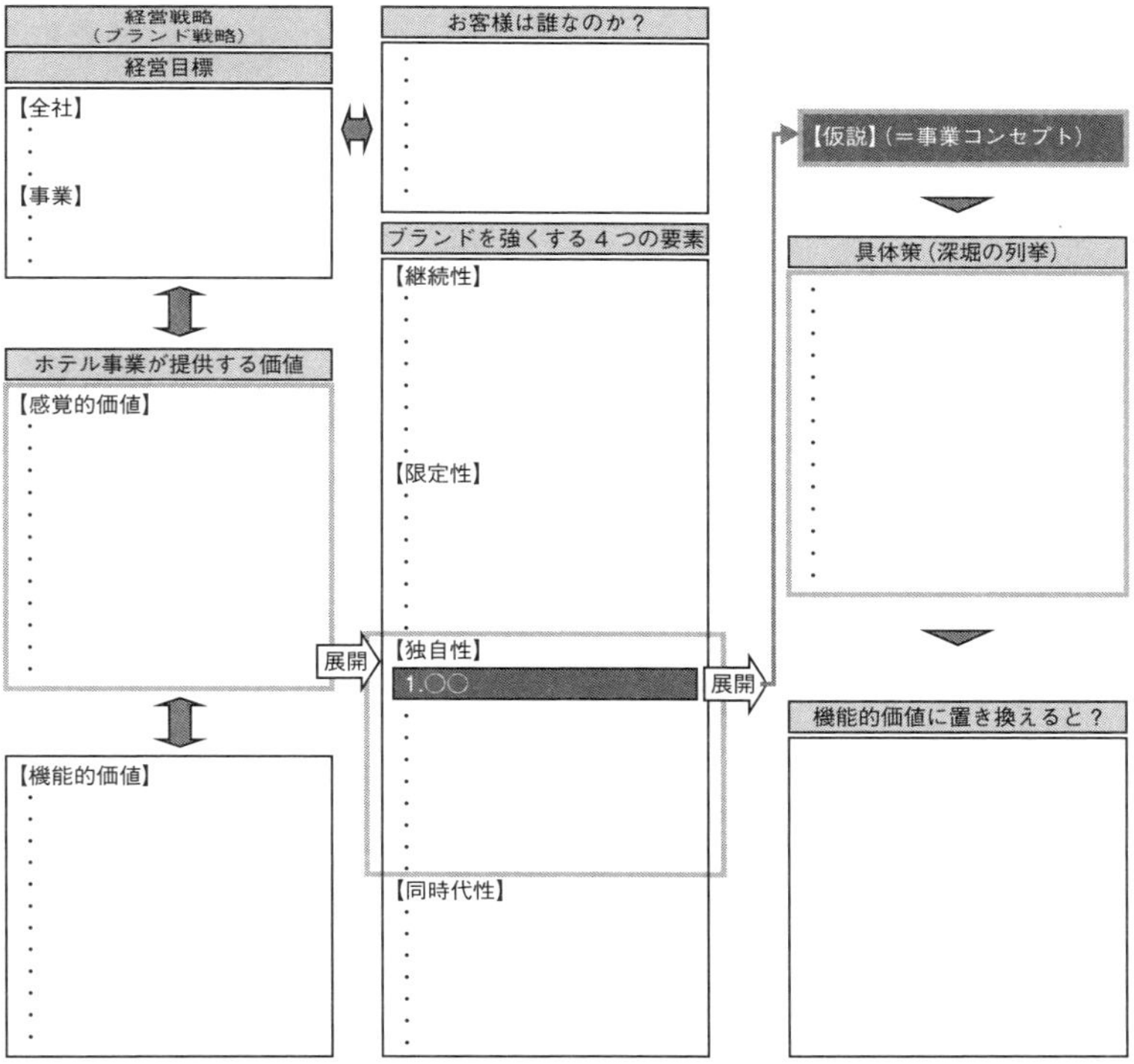

（出所）　著者作成。

経営理念について知りえないし、興味もない状態であることがよくあります。「経営理念」とはいかなるものかの勉強もふくめ、トップおよび幹部社員のみなさんには早い段階から理解を深めるようにお願いしています。そして、自社の経営理念が曖昧なばあいは、トップ自らの発案をお願いすることになります。

企業活動の価値観は、この経営理念をよりどころとしますから、これが決まらないと、現場の改善活動も、方向が定まらなくなり、迷走する可能性が高くなります。つまり、早い段階での従業員の成功体験を拡大して、全社に拡散する活動のさまたげになってしまいます。

ですから、従業員には変化のステージ・モデルをあてはめて活動を開始しますが、トップや経営幹部はいきなりスタートするように見えるかもしれません。そこで、トップと経営幹部向けの準備期間をもうけて、全体のスケジュールを調整することはよくおこなうことです。このばあいは、図3-1-1をひとまず完成させるイメージになります。また、この作業を通じて、トップや経営幹部にも「ロジカル・シンキング」の訓練をします。

こうすることで、将来、従業員のプロジェクト・チームから提案されるさまざまな議論を、感情的にならず、ロジックというルールがある場（一種の客観的な雰囲気）として慣れてもらいます。こうした「仕込み」をつうじて、従来の「言ってはならない雰囲気」を変える素地づくりとします。

さて、「顧客系」の図3-1-2をみてみましょう。「経営戦略」と「重要顧客」、そして、「提供する価値」からみちびかれる「仮設（＝事業コンセプト）」と盛りだくさんです。

本書では、「経営戦略」は「ブランド戦略」と同意語であつかっています。

そもそも、「ブランド」はその商品を購入するお客様と、供給する事業者それぞれの活動から産まれるものです。購入者がその商品を利用し、気に入るということと、供給者である事業者のさまざまな事業活動がかさなり積み上がった結果から、購入者が「選ぶ」対象として特定してくれることで「ブランド」になります。

つまり、「選ばれない」ものはブランドにならないのです。

そして、なにも高級な商品だけがブランド商品ではありません。100円ショップでも、誰でもしっているお店はとっくにブランドになっています。その証拠に、あなたがいま思い浮かべた100円ショップの店舗名をもう一度おもいだしてください。別の系列も思いだしましたか？　あなたはどちらのお店が好きですか？

つまり、ブランド戦略の肝は、お客様から「選ばれること」になります。もっと正確には、「選ばれつづけること」です。

どんな商売でもそうですが、お客様から選ばれつづけることができたら、事業として失敗することはありません。宿事業が特別ということはありません。

したがって、わたしは、お客様=顧客から選ばれつづけるための作戦をかんがえること、すなわち、「ブランド戦略」こそが「経営戦略」そのものである、という立場です。そこで、何度もくり返し利用してくれ、その宿や店舗が大好きなお客様を「重要顧客」と呼んでいるのです。単なるリピーターではなく、「重要顧客」としているのは、当社のことが大好きだと思ってくれていることを強調したいからです。

すると、その重要顧客とはいったいいかなる人物なのか？　という問いはきわめて重要な意味をもちます。当社を、生涯にわたって利用してくれるお客様の特性はなにか？　とおなじ意味です。そのようなタイプのお客様をたくさんつくることが、自社の発展に直結します。だから経営戦略そのものなのです。

さらに、重要顧客が好む価値感はなにか？　ということから、わたしたちが提供し約束する価値が決まります。

そのタイプのお客様には「必ず提供する価値」のことを「約束する価値」といいます。これが、いわゆる「期待を裏切らない」ということです。

すると、重要顧客の期待を裏切らない約束する価値を集めて、その特性を表現したモノが「事業コンセプト」になります。

実務では、図3-1-1と図3-1-2の内容を行ったり来たりします。立体パズルのようなものですが、この議論を通じて社内の共通認識が深まることはおおきな成果です。

ここで、たくさんのタイプの重要顧客がいるから、どのタイプかしぼりこめない、という質問をよくいただきます。

できるだけしぼりこんでください。わたしたちのことが大好きな重要顧客層をしぼりこむことでの不都合はほとんどのばあいありません。なぜなら、その層のお客様がもっともよく利用されているからで、わたしたち以上にわたしたちのことをよくご存じです。なぜなら、お金を支払って利用経験を重ねているからです。つまり、しぼりこんだ重要顧客層がよろこぶことに集中すれば、他のお客様もついてくるから不都合はないのです。

ただし、事業分野によっては分けた方がいいばあいがあります。宿泊事業と婚礼事業や売店事業など、はっきり事業分野がことなるばあいは、それぞれの事業別に重要顧客をかんがえることは矛盾しません。

従業員のプロジェクトが以上の問いにあたる前に、トップおよび経営幹部はこの図の中身を吟味しておくことが大切です。

おそらく、従来の不振の原因までもがみえてくるでしょう。

前にも述べましたが、わたしの経験上、経営理念の効用について、懐疑的な意見をきくことがよくあります。そこで、理想的展開ができた事例をここでご紹介します。

秋田県の角館といえば武家屋敷が有名で、春の季節にはわが国でも有数の桜の名所です。角館というと、さらに伝統的工芸品として政府認定第一号にもなっている樺細工（かばざいく）があります。樺とはいいますが、山桜の樹皮を材料にした優しい肌ざわりの風合いあるものです。通常の使用であれば、永久保証というのも、その品質への作り手の自信のあらわれでしょう。それは、この仕事を未来永劫つづけ、消費者に顔が見える責任をもつという宣言にもきこえます。

この樺細工を商う製造・問屋のひとつに、冨岡商店(注8)があります。ちょうど武家屋敷地域に「香月（かづき）」というお店を直営しています。

現社長の冨岡浩樹氏が父上から経営を継承するとき、どうしたものかと、わたしに相談がありました。彼は、大学のゼミの後輩にあたります。

樺細工は武士の内職として江戸時代からつづき、おもに茶筒などの生活用品として販売されてきたのですが、伝統的な生活用品そのものの需要が減り、また、例によって、粗悪な外国製コピー品も出回って、経営はけっして順調ではありませんでした。問屋といっても、事実上職人さんたちを調達元にかかえていて、工程ごとに専門職があるので、じつはおおくのひとの生活の責任を負う立場にありました。

売れないので、ほんとうは職人さんたちには作ってほしくない。できあがりは買い取るのが昔からのしきたりです。しかし、そうはいっても、職人さんは作るしか収入が得られません。

問屋の寄り合いでは、「あんた破産してしまうぞ…。問屋が破産したら全部がおわりだから、職人を守るためにも職人には作らせないようにしないとだめだ。」という常識で、先輩たちからさんざん注意されていたようです。それでも、作らなければ職人さんは生活ができないのですから、販売を担当する問屋としては、売れないことの責任を負うのは自分だとして、だまって買いつづけている状態でした。このままでは冨岡家は破産寸前にまでに困窮してしまうという悩みでした。

冨岡さんの相談が、ある意味ユニークだったのは、「どうしたら売れるのか?」ではなく、「伝統ある樺細工の魅力をどのように表現すればよいのか?」だったのです。そこで、冨岡商店の存在意義である、「経営理念」をあらためてつくることにしました。

また、理念にとりかかる前に、「社長も従業員」というはなしをしていました。これは、組織をかんがえるときの基本です。会社の組織には、社長をトップに主任や係長といった肩書きをもつひとがピラミッド状にいます。この肩書きを「職業」というかんがえかたをするのです。そして、その「職業」についているひとを、「職業人」といいます。「職業」と「職業人」のあいだを取り持つのが「職務」です。このような組織構造の特徴から、バーナードは、「上位権威というフィクション」の存在を認めています（注9）。偉いひとからの命令によって組織がうごく、というのはある意味必要なことだけれども、それは「フィクション」だと認識することが肝心です。つまり、「社長役割」のことです。「社長」という「職業」であるひとが、「職業人」としてその役割を演じて「職務」をはたしているのが現実だということです。

このはなしから、冨岡さんは、肩の力が抜けたのかもしれません。海外展開など、さまざまな挑戦を胸に秘めたようです。

さて、理念づくりはメールのやりとりで取り組むことにしました。それは、かなり厳しいやりとりになりました。しかし、冨岡さんの覚悟はかたく、ふつうなら、途中で投げ出したくなるのではないかとおもうほど、わたしからの発信は痛い表現もあったかとおもいます。しかし、冨岡さんが合気道の達人でもあることで、上手にうけながしてくれたのでしょう。ほぼ毎夜のやりとりをつづけ、四ヶ月ほどで完成したと記憶しています。冨岡さんの「想い」が込められた、すばらしい理念です。

できあがりを職員さんたちに発表し、全員が理解することがなによりも重要です。しかし、みなさんははじめ嗤っていたようです。

「理念」をつくった効用があらわれるのは、地元紙の取材をうけたときで、記者の方から、わかりやすいとほめられたそうです。そのわかりやすさが記事の内容にもあらわれたのでしょう。すぐさま全国紙、そしてテレビ局の取材へとつながったようです。

この間、現代の生活にあわせた新感覚のデザインを探りつづけ、名刺入れや高級万年筆のペンケースなどがヒットし、工芸大学の先生をリーダーに、現代アート調の製品にまで進化しています。これは製品というよりも作品に近くなっています。

モノではなく、潤いある生活を提案する、という理念の実践に手応えを感じ始めたとき、東北経済産業局より地域資源活用新事業展開支援事業の認定をうけました。そして、この認定期間中に懸案の海外展開の勉強をしてみようとおもった矢先、東日本大震災がありました。冨岡商店のビジネスパートナーも被災し、売り場がなくなってしまう事態となりました。このような現実に遭遇しても、企業理念に導かれるまま、２０１２年２月にフランクフルトの国際見本市に初出展したのです。この出展にあたっても外部から、「3年から5年は注文がはいらず、それまでは企業体力が勝負だよ。」という業界の定説を耳にしていました。ところが、いきなりフランスの有名メゾンからオファーをもらったのです。また、定説では、スポットでおわってしまうケースがおおいなか、冨岡商店は取り扱い点数も増え、順調に売上を伸ばしています。

冨岡商店の活動は、いまではフランスの老舗磁器ブランドともコラボ中です。このように、ヨーロッパ大陸に進出して快進撃中なのです。

「『理念』を作ったことがすべてのはじまり」という冨岡社長。「地球上で樺細工は一属一種」と謳った理念が、現実のものになりました。お役に立てたうれしい事例です。

そして、これらの活動をつうじて、冨岡さんが得たことは、どこの国でも伝統工芸のブランドはあたらしいことに挑戦していることで、そうしないと博物館行きになってしまう危機意識だということです。

「『伝統』という言葉の響きは、いまのわたしたちには保守的な意味合いをもつが、その時代において最高のアヴァンギャルドなものであったことを改めて認識しておかなければ、21世紀への伝統工芸の扉は開かれない。」に共感すると語ってくれました。これは、仲間の山形鋳物の増田さんのおっしゃった言葉だそうです。

「伝統」をかんがえるうえで、たいへん深く味わいのある言葉です。

ローカルな事業主が、その付加価値をグローバルな市場につなげることができた背景に、価値の提案、ソーシング（調達、サプライ・チェーン）、そして潜在的なマーケットへとつながる市場開拓をにらんだ経営理念の存在がありました。

(2) 準備期と実行期

「準備期」として、本来は「小さな成功体験」をすることで「関心期」にできた「気づき」の確認をすることなのですが、実務では簡単ではありません。

ＳＯＣを高めるためには、首尾一貫した経験が必要なのですが、過去にそのような経験がほとんどないので、材料からつくらなければならないのです。

どんなものを材料にするかは、その企業組織によってことなります。プロジェクト・チームで関心の高い分野を選ぶ議論をします。なにが自社で問題になっているのか？　その解決のために、どんなことを知る必要があるのか？　それは、どのようにしたら調べられるのか？　といった、「ロジカル・シンキング」の訓練をしながら探します。

そして、記録をとる、集計して分析する、分析結果から仮説をつくる、仮説の検証方法をかんがえる、実際に検証する、という手順ですすめます。これはＰＤＣＡそのものの活動なのですが、まずは論理的にかんがえ実行した結果がうまくいった、という経験を優先させます。

なるべく簡単で、短期間で成果がえられる材料はなにか？　わたしも、毎回かんがえをめぐらすなやましい問題です。

そこで、従業員のプロジェクト・チームでは、経営幹部が完成させた図3-1-1の理念だけ表示して、外部環境と内部経営資源についての「ロジカル・シンキング」をします。また、図3-1-2をつかって、重要顧客がだれなのか？　提供し約束する価値はなにかを徐々に議論することになります。

最初は自社の不都合なことを発言しませんが、時間の経過とともに「ロジック」が優先されるようになります。組織の風通しの悪さ、という病も併発しているのが常ですから、頭を柔らかくする時間はどうしても必要になります。

ここでは、K・J法(注10)などを多用する場面です。

そして、アイデアとしてでてきた「問題」から、すぐにできそうなことを抽出する作業をします。

ここからでてきた「やるべきこと」を、リーダーを決めて実行してもらいます。ばあいによっては、トップや経営幹部の承認が必要になるかもしれませんが、前段階でトップや経営幹部も「ロジカル・シンキング」をしていますから、おおきな抵抗はないはずです。

こうして、従業員には小さな成功体験をなるべくたくさん経験してもらいます。これが自信につながります。

つまり、正しい「ＳＯＣ」を体験することになります。

(3)　**維持期**

顧客系のさらなる実務は次節にて解説いたします。本節では、前節でふれた経営活動の基本である「ＰＤＣＡサイクル」について説明します。

Ｐ (Plan)　＝計画立案

Ｄ (Do)　＝実行

Ｃ (Check)＝評価

Ａ (Action)＝改善

中小の破たん企業のおおくは、このＰＤＣＡサイクル自体がうまく機能していないか、あるいは、こうしたかんがえ方をしらないということがみられます。

わたしは、実務的には、「Ｃ→Ａ→Ｐ→Ｄ」の順番ではないかとかんがえています。計画を策定するには、過去実績の評価とそれをいかに改善するかを折り込むからです。すると、過去の資料にどのようなものが保存されているかという問題に直面します。

最近では、コンピューターが導入されていないことのほうが珍しいのですが、そのコンピューターによる記録から、信頼できてきめ細かい資料を作成できるかといえば、かなりあやしい状況になります。その理由は簡単で、インストールされているプログラムが要求しないデータはそもそも入力されていないからです。

では、現場で必要性を感じて、自分たちで独自にデータを入力している、ということはどうかというと、残念ながら破たん企業のほとんどは、そのような資料もありません。前項で述べたように、無関心が原因です。この結果、手書きの日報すら存在しないことがあります。

こうなると、「対前年比」といっているのは、大雑把な数字のかたまりで、その詳細がわかりませんから、必然的に粗く、記憶や勘による議論になります。こうした組織の特徴は、会議で配付される資料もなく、議事録もありません。こうして、また記憶や勘による議論の下地が積み重なってしまいます。

そこで、どのような下地を整備すればよいのか。漠然とかんがえるのではなく、次節の業務の流れの分解をヒントにしてください。

（注６）　畑栄一・土井由利子編（２００９）『行動科学―健康づくりのための理論と応用―』改訂第2版、南江堂。
（注７）　本書、２-５「お客様に提供する価値」を参照のこと。

（注８）　冨岡商店のホームページは以下のとおりです。http://tomioka-shoten.co.jp/company.php
（注９）　チェスター・アーヴィング・バーナード（Chester Irving Barnard）（１９６８）『経営者の役割』新訳版、ダイヤモンド社。
（注10）　本書、２-３「かんがえる組織をつくるための基礎」を参照のこと。

超辛口コラム7　お客様を組織に含めるということ

思想、かんがえ方のちがいが結果にあらわれる、といわれてもピンとこない、とよくいわれる。わたしが銀行にいたからというわけではないが、大銀行は、目的のためなら手段をえらばないとうそぶいて、サブプライム問題では世界的景気後退をまねいてしまった。長い目でみれば、目的のためだからこそ手段はえらぶものなのだ。

最近はポイント・カードがすっかりふつうのことになった。

利用金額の数パーセント分をポイントとして還元するというものがほとんどだ。そのポイントは、次回以降の利用時に現金おなじようにつかえる。

提供者の論理でかんがえると、「割引の先送り」をしているのとおなじである。だから「お得なポイント・カード」であった。

これを利用者の側も、「ポイントがもらえる」から「お得」になってしまって、どちらの論理でもおなじになっているように見える。

そこで、この問題を、お客様も組織のなかにふくまれるという視点から改めてかんがえてみよう。なんのために組織はポイント・カードをつくっているのか？　という問題だ。

たとえば、スーパーマーケットをイメージしてみよう。

レジでの支払時にポイント・カードをださなければならない。レジ係は、レジに付随している機械にカードをいれて、なにやら記録をとっている。

これは、買いものの記録である。ところが、ポイント・カードの申込みのとき、住所や家族構成、年齢などの情報を記入するから、単なる買いもの記録ではない。どの地区には何歳くらいの何人家族がいて、どんな商品を日常買っているか？　というデータが蓄積できるのである。

これを応用すると、自店でもっともおおくの金額を消費してくれるひとが誰で、おおい順から全員を並べることができる。そして、最高のお得意様が購入している商品はなにか？　どのくらいの頻度での来店か？　一回にいくらぐらいの買いものなのか？　など、ちょっとした分析でも出てくるのは宝物のような情報なのである。

これらの情報をもとに、キャンペーンをうてば、しぜんと「売れる」可能性がたかまるのだ。

すると、お客様はとんでもなく有益な情報をあたえてくれることになる。そこで、情報提供料として購入金額に比したポイントを還元することは、お客様から情報を購入していることの見返り、という意味にもなる。つまり、取り引きとして対等なのである。

これが、組織にお客様もふくむとしてかんがえたばあいの「ポイント」の意味である。だから、「ポイントがたまってお得ですよ」という言葉の意味もちがってくる。

単なる割引をしている、という発想からは、情報を得ていることのありがたみが少ない。きっと組織的にも、情報を大切にしようとする気持ちが薄くなるだろう。そうだとすれば、こちらの組織の業績はあまりよくはないだろうと想像できる。

一方、お客様から情報を買っている、という発想の組織は、そのコストの大きさにおののきながら大切に情報をあつかうはずである。「2％還元」といっても、年商10億円なら2000万円の情報購入料がかかる。これに機械のメンテナンスや、カード発行費用を考慮すると、おそろしくおおきいコストなのである。それだけのものをお客様から購入しているとおもえば、おのずと力がはいるものである。

こういう店も「ポイントがたまってお得ですよ」というから、なにもかんがえなければおなじに見える。

かくして、発想のちがいが業績のちがいになってあらわれるのだ。

利用する側の論理でかんがえることと、お客様は組織にふくまれる、ということの重要なポイントがここにある。

単眼ではなく複眼でみよ！

これもよくいわれることだが、やはりピンとこない、とよくいわれる。

前の例がそうだ。利用する側の論理は重要なチェックポイントだが、これだけでは論理を抜かれてしまうこともある。そこで、お客様は組織にふくまれる、ということも同時にかんがえる。これも複眼思考である。

「割引」と「お客様の側の論理」という単眼だけの比較でも、後者が有利にたつが、これが複眼思考になるとより強度がくわわる。

日本が世界一と褒められた時代、品質とコスト減を同時に達成していたことがアメリカを驚かせた。これは、かんたんにまねのできないことだ。だから圧倒的な優位だったことをおもいだそう。

現実のスーパーマーケット業界で、どれほどの企業組織がこうした複眼思考で行動しているかをかんがえながら見渡せば、数はそうおおくはないかもしれない。しかし、その分、複眼思考の企業は圧倒的なパワーで闘っているはずである。

だから、我が社もやればできるのである。

3-2　サービス・サイクル図

付加価値と生産工程の関係を図にすると、ひとが微笑んでいるような図が描けるので、これを「スマイルカーブ」とよびます。時代と共に変化するスマイルカーブの形[注11]（図3－2－1）図では「60～70年代」とある古い時代のカーブは平べったいかたちをしています。つまり、現場でつくることと設計やアフターサービスの価値があまりかわらないことを意味しています。これは、なにも製造業に限ったことではないでしょう。宿でも、とにかく泊まることが重視されていればこのような図柄になるはずです。1章4節で、梅棹先生が観光産業を「農業や工業のようなきめのあらいものとちがう」と述べたときの、「あらい」とは、このように平べったい曲線のイメージではないかとおもいます。あるいは、とにかく生存のためのカロリーが確保できればよいといった時代の食料を想像すれば、それは「うまい」でも「まずい」でもなく、内胚葉において消化できればよいのです。ですから、工程の川上で、こだわり食材や調理法の研究などの価値はなく、川下において、リピーターになろうなどということも大きな価値にはならないのです。

　ところが、現在のサービス業では、そんなことはゆるされません。

　川上での用意周到な準備と計画なくしては、最後の川下における顧客満足をえることはできないからです。

　そこで、業務を単純な「作業」と「仕事」とに分解すると、図では、付加価値の低い工程には「作業」ボリュームが、一

図3-2-1　時代と共に変化するスマイルカーブの形

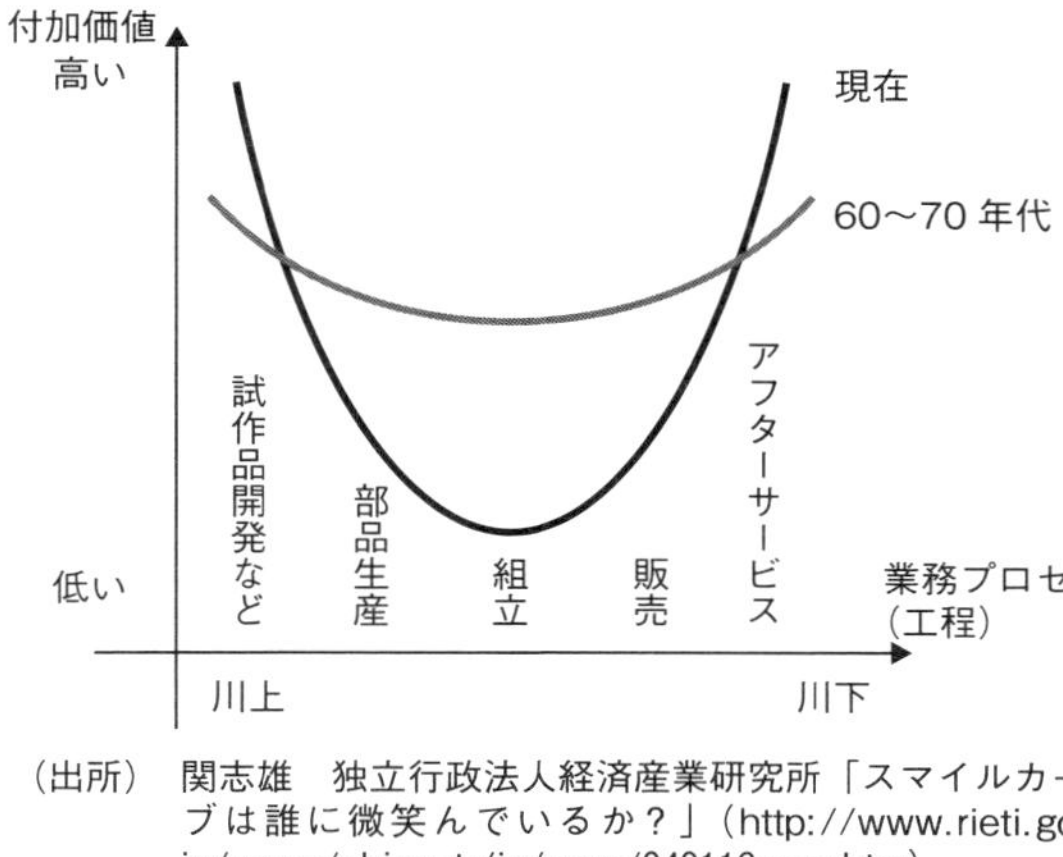

（出所）　関志雄　独立行政法人経済産業研究所「スマイルカーブは誰に微笑んでいるか？」（http://www.rieti.go.jp/users/china-tr/jp/ssqs/040116ssqs.htm）。

方、付加価値の高い工程に「仕事」のボリュームが多くなるという特徴がでてきます。この「作業」ボリュームがおおい工程のなかで、ほんとうに「作業」にあたる部分を、いまでは外部に業務委託したり、パートさんやアルバイトにまかせているのではないでしょうか。そして、「仕事」にあたる部分が正社員の担当分野であると区分するとわかりやすいでしょう。つまり、付加価値の低い工程は、すでに低コスト、低賃金化が図られているのです。逆に、付加価値が高い工程に特化した事例が、アップル社であるとおもいます。高度な設計・デザインと、アフターサービスに社員の業務は特化し、部品の生産や組立は世界中からもっとも低コストの相手先をえらんで委託しています。

　それでは、付加価値が低い工程は他社にまかせて放置すればよいかといえば、そうではありません。

図 3-2-2　サービス・サイクル図

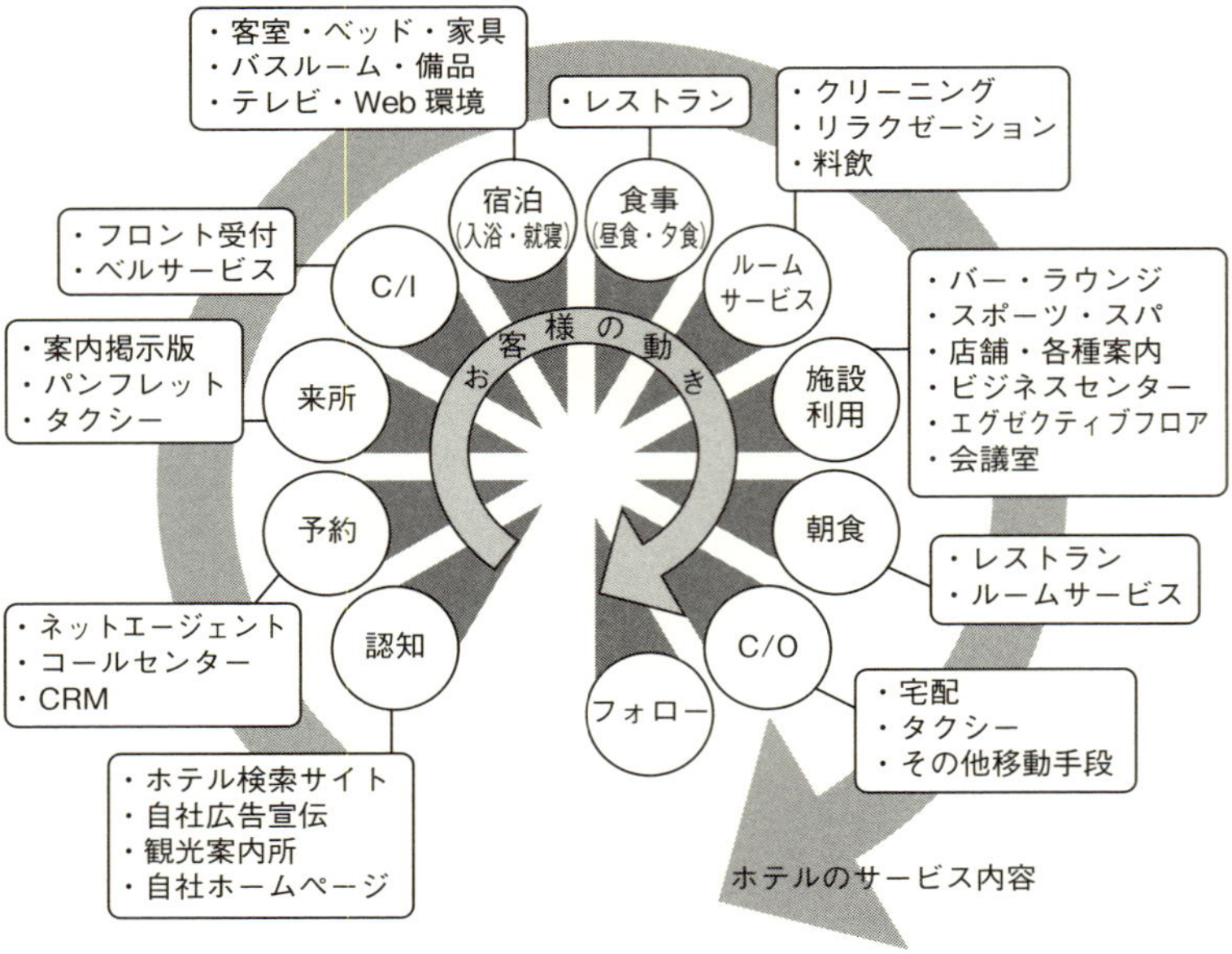

（出所）著者作成。

前節で説明した、理念から現場管理までの一貫した流れを、いかにつくり、付加価値を生み出すのかが大きなテーマです。

そこで、本節では、スマイルカーブをイメージしながら、付加価値生産性をあげるための手法としてのサービス・サイクル図について説明します。

しつこくて恐縮ですが、前項の理念系と顧客系のつながりを忘れずにこの項をごらんください。とくに、ここでいう「顧客」とは別にことわらないかぎり「重要顧客」のことです。

図3-2-2サービス・サイクル図(注12)は、お客様の行動パターンを図化したものです。図の中央で各場面・活動ごとに区切り、顧客側とサービス提供側に分けた構造になっています。

場面の設定は施設ごとに自由ですが、最初の「認知」と最後の「フォロー（事後評価）」は必須です。図3-2-3サービス・サイクル展開は、サービス・サイクル図を帯状に引き延ばしたものです。

「認知」とは、自社の施設を知ってもらう場面・活動のことです。ここに自社の施設が存在することを顧客が知らなければ、決して予約申込みはありませんから、販売実績になることもありません。「プロモーション」としなかったのは、口コミもふくむより広い概念だからです。

「フォロー」とは、顧客が出発してから口にするか心に思う評価を中心にした概念です。

「よかった、また来よう」とか「いまいちだった」とかです。日本人は、なかなか正直に答えませんので、いかに情報をあつめるかをふくめます。「情報産業」としての真価がためされる場面・活動になります。

図3-2-3で、「お客様の流れ」には、「重要顧客」が「うれしい」とか「気が利いている」とか「この宿ならでは」などと感じる言葉を記入します。ですから、「～だといいな」とか「～なのはさすがだな」とか「～だ

から好き」という表現になります。語尾はかならず記入し、体言止めなど、省略しないことをおすすめします。この欄の記入のコツは、自身が重要顧客になったつもりになることです。想像力や妄想力が必要です。また、重要顧客の性別や年齢などで、自社幹部に同類がみあたらないこともよくあります。

図 3-2-3　サービス・サイクル展開

お客様の流れ	・存在に気づく ・記憶に残る ・気になる				
サービス・サイクル	施設認知	予約	来所	C/I	宿泊
ホテルの業務	・プロモーション ・ホームページ ・エージェント ・パンフ企画 ・商品企画 ・ニュースリリース				
要求品質（一次）	・わかりやすさ ・デザインの良さ				
提供機能	・ヒットする ・目を引く ・的確である				

事後評価	C/O	朝食	施設利用	ルームサービス	食事

（出所）　著者作成。

たとえば、自社幹部が中高年の男性ばかりなのに、想定した重要顧客が中高年の女性であるようなばあいは、従業員に近い人がいればそのひとの意見をかならず聞くことで、おもいもよらぬ視点やアイデアがでることがあります。

よくやってしまうのが、上段を記入することをせずに、いきなり下段を埋めることです。

わたしは、上段を埋める作業がおわるまで下段の記入はしないようにお願いしています。

プロジェクト・チームが発足しているばあい、上段の完成にずいぶんな時間と手間がかかることがあります。「重要顧客」の特定に時間がかかることもありますが、特定したとしても意外とむずかしいのです。いかに「顧客」のことを知らないかを確認することにもなります。

チャンスがあれば、実際の「重要顧客」が来訪されたときにインタビューをお願いしています。事前にプロジェクト・チームでインタビュー内容を検討するのは必須です。それでも、本人を目の前にすると、なかなかうまく聞き出せないこともよい経験になります。

このようにして作った重要顧客目線からのサービス・サイクル図を、いよいよ提供側欄にうつって議論します。

「顧客のうれしいな」を確実に提供する方法だけを徹底的にかんがえるのです。偶然できた、ではありません。「確実に」です。そのために、「うれしい」の優先順位をつけなければなりません。メリハリが必要だということです。

優先順位をつけたうえで、確実にできることとそうでないことなど、議論を深めてください。現状でできないことでも、将来、「確実」レベルにする方法をみつければ、顧客はみなさんを見捨てはしません。

さて、優先順位の高いものをよりムラなく「確実」にするために、どういったことが「できていること」なのかを決めます。逆に、どういったことが「できていない」（たまたまできちゃった）ことなのかを決める方がはやいかもしれません。すると、どういう方法で行うのかの手順やルールを決めなくてはなりません。これがサービスの標準化です。

前章2-7の朝食の混雑を避けるための電話連絡オペレーションでご説明したことを思いだしてください。「標準化」というと、いつでもどこでも同じ対応で、「悪しき金太郎飴」を想像されることがあります。しかし、そうではなく、重要顧客がもとめるサービスを従業員誰でもが確実に実行できる体制をつくるための道具立てなのです。

よくある「おもてなし」方式では、一方的に提供することを決めるだけでなく、やり方も、やったかやらなかったかのチェック方法も検討しません。だから個人の資質の問題になるのです。さらに、それが、そもそも顧客にとってうれしいことなのかすらわからないのですから、大丈夫でしょうか？と聞きたくなります。

サービス・サイクル図の使い方として、もう一つあげれば、以上の方法でつくったものなら、重要顧客がうれしいと思う項目が書かれていないことはやらなくてもいいサービスになります。業務の省力化の可能性があるだけでなく、重要顧客がよろこぶサービスにより注力できるようになるでしょう。

こうして、サービス・サイクル図を用いることで、サービスの標準化についての骨格ができます。

これをわたしは、「サービス設計」といっています。

「設計」というと硬いイメージがしますが、重要顧客にどんなサービスを確実に提供するのか？ということを広範囲にしらしめるには紙に書いたものが必要です。しかし、それが文章になって読み物になってしまうと人それぞれの解釈がうまれやすくなります。ですから、なるべく単純な書式に、もれなく表現されていることが重要になります。

（注11）関志雄（２００４）経済産業研究所「スマイルカーブは誰に微笑んでいるか?」(http://www.rieti.go.jp/users/china-tr/jp/ssqs/040116ssqs.htm)。

（注12）ジェームズ・トゥボール（James Teboul）／小山順子監訳／有賀裕子訳（２００７）『サービス・ストラテジー「価値創造のサイクル」（価値優位性のポジショニング）』ファーストプレス、１３０頁をもとに、筆者が作成した。

超辛口コラム8　日本の宿泊施設は滅びるのか

『なぜ時代劇は滅びるのか』(注)という本が出版されました。

わたしも往年の時代劇ファンのひとりですから、タイトルにひかれておもわず書店で手にしました。

子供時分は、祖父と一緒によく観ていたのを覚えています。そして、小学校の友人とは、近所にあった竹藪に潜り込んでは竹を切り出して、チャンバラや弓矢を作って遊んでいました。

だれがだれの役をやるのかは、じゃんけんで決めていました。たしかに、時代劇にはロマンがあったのです。

ところが、本書にあるとおり、時代劇のテレビがおもしろくないと気づいたのは、ハイビジョンテレビの画質のせいと気がついたときがあります。セットの安普請の様子や、出演者のカツラの際がはっきりと見えて、白けたのを覚えています。

この本には、日本の宿をかんがえるうえでも、ハッとおもう指摘があります。

「約六十年にわたり映画美術にたずさわり、『鬼平』や『たそがれ清兵衛』、『木枯し紋次郎』などを担当し、

「考証に忠実な美術監督」としても名高い西岡善信も、次のように語る。

「時代劇のセットを設計するとき、最も大切なのは考証に忠実かどうかではありません。そのドラマの情感をどれだけキチンと表現するか、です」（本人・談）

西岡は学者ばりに徹底的にその時代の風俗や生活を調べ尽くした上で時代劇美術に臨んできた。それは、彼が若い頃に仕事をしてきた伊藤大輔、稲垣浩、衣笠貞之助といった「巨匠」監督たちが「図鑑ばりに詳しかった」ため、生半可な準備で臨むことを許さなかったからだ。

だからといって、彼ら「巨匠」たちは自らの「詳しさ」に甘んじ、それによって「創作」を縛り付けるようなことはしなかった。さんざん調べるだけ調べ、その時代について知り尽くした上で、必ずしもそれに完全に従うことなく、描きたいテーマに沿って独自の時代劇世界を築いていった。だからこそ、名作が誕生したのだ。

自らの手で調べ尽くし、その上で作品世界にふさわしい取捨選択と新たな創作を適宜していく。それこそが時代劇の作り手に求められる姿勢である。ディテールの表現を考証に頼り、テーマに沿った創作よりもそちらを重視するような作り方は、創作者としては手抜きであり、思考停止の方便として「考証」を利用しているとすら思える。時代劇はあくまで、ロマンを求めるファンタジーなのだ。」


これは、見た目を担当する美術監督のはなしです。

おおくの日本の宿をこれにあてはめると、創業時や建築時でのデザイン設計段階や完成直後のモダンさなどを想像するにつけ、時を経ていまのさびれた姿とかさなるのです。これは建物だけのはなしではありません。たとえば、お客様に提供する食事もしかりです。つまり、ここまでの時間、いったいなにをしてきたのか？ あるいは、なにをしなかったのか？ がみえてきます。

そもそも、建築時にどこまで検討の深掘りをしたのか？ 宿は主人のロマンをもとめるファンタジーの具現化という感覚をもっていたのか？ という問題。

そして、そのロマンやファンタジーを維持するための努力をいったいどれほどおこなってきたのか？という問題です。

建築時に深掘りして建てたばあい、おおくは保存の対象になるほどの名建築です。しかし、これを「あえて」取り壊し、近代的な金属とガラスに変える事例もあります。また、そもそも建築時から「モダンさ」をもとめるだけで深掘りをしなかったものは、その後の維持についても深いこだわりはありません。

困窮化している宿事業に、あてはめると、みごとになにもしてこなかった歴史があらわれるのです。

ですから、困窮化から真に脱するためには、本文にあるような裾野の勉強からはじめないと、結局はペンキがはげてしまい、すぐに元の木阿弥にもどってしまいます。

「昔から映画制作者や研究家・評論家から金科玉条として扱われてきた言葉がある。

「一・スジ（脚本）、二・ヌケ（映像技術）、三・ドウサ（俳優）」

これは、《日本映画の父》と呼ばれた日本初の映画監督で、映画における『忠臣蔵』の話法を確立するなど幾多の時代劇を撮ってきた牧野省三が唱えた、映画制作で大切なことの優先順位を指したものだ。（中略）

また、牧野の言は作り手が踏まえておくべきことで、観客の立場からするとそれは違う。時代劇に限らず、多くの観客・視聴者にとっての第一は役者だ。熱心なファンを除く大多数の観客・視聴者は役者の名前を入口に作品に接し、その芝居を追いながら作品の世界に入っていく。ましてや時代劇の場合、描かれるのは我々が生活する《現代》から離れた異世界。映し出される役者たちには観客・視聴者を異世界へと誘い、そこから気持ちを引き戻させないようにする必要があるため、現代劇以上にその役割は大きい。

むしろ、演出・脚本に難があっても、役者が魅力的なら観客の満足感をカバーすることはできるとすらいえる。」

宿にとっての「役者」とは、先ずは従業員のことです。バーナード理論ではお客様にも「役割」があります。入社時には全員が素人である「従業員」をいかに仕込むのか？ は宿事業にとっては死活問題のはずです。にもかかわらず、困窮化した宿では、まともな従業員教育をした経験がないのです。つまり、経営者を含め、まるごと素人集団である事例が多くみられます。

これに拍車をかけて、まともな演出・脚本もありません。宿にとっての脚本と演出とは、客層にあわせたサービスのながれの設計と、その品質管理です。予約からはじまるそれぞれの顧客接点について、どのようなサービスをするのか？ という流れの設定は、ほとんどの宿で「なんとなく」決まっています。明確な脚本がないのです。そして、逸脱してはならない基準もめったにありません。ですから、お客様も「お客様役割」がわからなくなり、快適さが得られないのです。かえって、セルフサービスが徹底しているばあいの方が快適なことがあります。「お客様役割」が明確だと、満足度がある例になります。

宿におけるデフレの現象とは、お客様に価値がないことを見破られたあげくの料金値下げです。そして、これがエスカレートして、つまり、価値がないもの同士が競争して、お客様への所得移転というかたちで宿の富をお客様に吸い取られることになりました。

吸血鬼はお客様だというホラー映画より恐ろしい事実に気づかず、従業員の賃金が高いとしてさらに労働条件を下げようとする動きは、冷静にみれば狂気の沙汰です。

自分たちの価値の世界にお客様を引きずり込むことができない宿には、やはり将来はありません。

「また近年でも、『座頭市』の北野武や『たそがれ清兵衛』に始まる藤沢周平モノの山田洋次は、（個々の作品の内容そのものへの賛否は別として）時代劇でも現代劇を演出した時と遜色のない「《ならでは》の世界」を創り上げている。二人は元々、芸事の世界に通じた芸談の名手でもある。そのため、時代劇のことも事前に十分に研究しており、どのようなスタンスで時代劇にアプローチすれば違和感なく自らのドラマツルギーに乗せられるか、具体的に把握した上で現場に臨むことができている。なんとなく時代劇の企画に飛びついている近年の監督たちとは、教養が違うのである。

基礎があるから逸脱できる、ということだ。」

スポーツでも習い事でも、勉強でも、全ては基礎が大事です。

宿事業とはなにかを、基礎からアプローチすることを本書では試みました。

正解はひとつではありません。

コンサルの現場では、「本質の追求」は面倒なので、こたえをはやく教えてほしい、とか、「いちいちかんがえなきゃいけないですか?」といわれることがあります。

この本の読者のみなさんは、これがいかに害毒を産む愚問かをご理解されているかとおもいます。

お客様と全人格的な「教養」をめぐる勝負をしているのが宿事業です。

たとえば、困窮化している宿事業の当事者のおおくは、「外食産業」と聞いて当事者であるという意識がうすいのです。家の外で食事をするから「外食」なのですから、外泊して食事を提供する宿事業は、究極の外食産業です。いまはやりの「オーベルジュ」とは泊まれるレストランのことです。わたしは「料理自慢の宿」とは、たとえ和食が中心でも、かんがえかたはオーベルジュであるとおもっています。なのに、じぶんたちは外食産業ではないと信じている姿というのをみると、いったいなにをかんがえているのかわかりません。

たんに、ファミリー・レストランや牛丼チェーンとはちがうというのであれば、なおさら問題です。とくに、最近では、ファミリー・レストランの一部が一皮むけて、料理だけでなくそのサービス品質を一新してきています。また、全国に五万店あるコンビニエンス・ストアで提供されている食材の品質も、従来とはちがう次元での進化をしています。

おどろいたことに、困窮化している宿の関係者は、これら自分たちをとりまく状況の変化にひじょうに鈍感です。

自分たちの顧客が、これらの商品に接していることの意味が想像できないのです。人間の生活のなかでの「衣食住」のうち、食と住にかかわる商売をしているのです。ですから、サービス産業ではなく「情報産業」なのです。

ぜひ、読者のみなさんも深く入り込んで考察してください。

プロとして、これは絶対条件になります。

（注）春日太一（2014）新潮新書。

3-3　業務フロー図

サービス・サイクル図では表現しきれない、詳細なサービス方法の記述に用いると効果的なのが業務フロー図です。(注13)（図3-3-1）

手書きでも可能ですが、やはりパソコンをつかうのが便利です。なかでも、専門のソフトウェア「アイグラフィックス」(注14)をお勧めしています。

業務フロー図を描くことについては、机上での演習と実際業務の書き出しにわけてかんがえられます。

現実にはまだおこなっていない業務を、どのようにしたらできるかを図を描きながら議論するものが机上演習です。プロジェクターで投影すれば、プロジェクト・チームで議論できます。導入直後では慣れが必要ですが、じゅうぶん実務でつかえます。

図 3-3-1　業務フロー図　イメージ

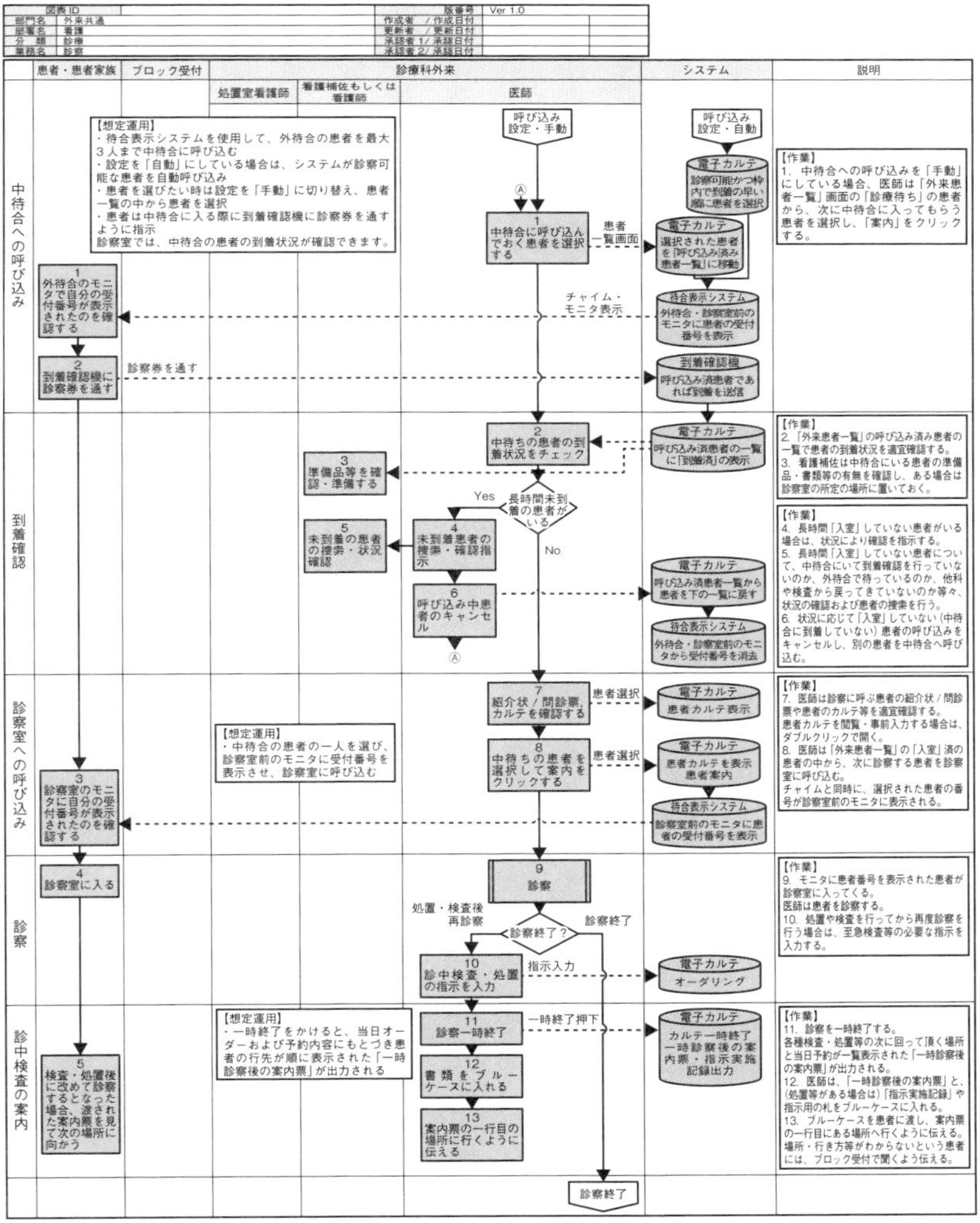

（出所）　大住雅明・村田晃一郎（2014）「電子カルテシステム導入後の運用コスト発生をいかに抑えるか」『月刊新医療』No. 479、エム・イー振興協会。

現実の業務を描き出すことによって、業務改善をすることはよくあることです。

このとき、二つの効果があります。

一つは、「描けない」を体験できることです。毎日こなしている業務なのに、「描けない」ということに気づきます。

これは、一連の業務のなかにはかならず「判断業務」がふくまれているからです。判断業務とは、たとえば、男性客ならAを案内し、女性客ならBを案内するといったことです。

わたしの経験で、宿事業だけでなく工場の製造現場でも業務フロー図を導入して成果をえましたが、すべての案件で当初は「描けない」のです。

これは、どんなに業務に精通しているひとも、いざ描くとなったとき、「あいまいな判断業務」にかならずあたり、そこで筆がとまります。そのような箇所がいくつもでてきます。

これがいわゆる「ボトルネック」です。砂時計のくびれのように、この箇所をすり抜ける方法が組織でルール化されていないため、ミスの温床にもなります。この箇所を発見したら、職場でルールを決めてもらいます。この、職場でルールを決めるためのミーティングが、じつは職場改善のおおきなきっかけにもなります。たいがいの組織は、このようなミーティングの経験自体がありません。

「描けない」ということが、職場の認識をかえるのです。

もう一つは、「描けない」状態から抜けると、つぎつぎに「改善案」が浮かぶのです。

じつは「ルールが明確になった」ということで、業務のながれは画期的によくなるのですが、こんどは処理スピードや処理能力が不十分で滞ることが予想できてしまいます。そして、さらなるパフォーマンスの品質向上を意識すると、改善のアイデアは泉のようにわき上がってきます。

また、チェックすべきポイントがつぎつぎにわかります。業務のながれの悪い場所や、業務基準が不明な箇所が一目瞭然だからです。

「業務基準」とは、なにをもって、その業務の完成とするのか？ということです。ふだんほとんど意識できません。図上で、業務のながれを追いながらかんがえると、どこに業務基準が必要かがひじょうにわかりやすく浮かびあがってきます。

完成した姿を写真や動画で記録したり、そのしごとのうまいやり方やコツがあったりと、工夫するところはたくさんみつかります。さらに、手数（工数）や時間の制限なども必要に応じて設定することで、あたらしい方法をかんがえなければならないこともでてくるでしょう。

こうしてできあがった業務フロー図を、職場で議論すると、共通認識がすばやく形成されるようになります。

最近では、大阪のリーガロイヤルホテルさんが実際に導入されたと聞きました。[注15] グループ全体の業務改革と標準化に挑戦されているようです。きっかけは基幹システムの更改とのことです。そのまえに内部統制の取り組みで関連シリーズを利用されていたことから、より深い理解があったことと推測いたします。

業務フロー図は、前述のように「描くだけ」でも、すぐに「描けない」が体験できますから、とにかく現状を改善したい、というばあいにお薦めできる方法です。最初は「部分最適」でも、はじめなければなにも経験できないことはまちがいないからです。そして、これは、電子的に記録に残る方法ですから、将来につなげることが容易です。手書きとのちがいがここにあります。

理念からビジョンや経営目標が、重要顧客の特定によって結びつき、その重要顧客がよろこぶしごとをサービス・サイクル図で追求する、という一連の流れがわかるようになっていますから、業務フロー図での議論が多少脱線してもおおきな問題にはなりません。かえって、安心して自由な議論ができる環境になりますので、大胆な方法が見つかる可能性があります。すると、これはイノベーション（革新）になる可能性もあるのです。

イノベーションは、なにも大上段にかまえて、実務からとおい研究職がひきおこすものではありません。

ぜひ、小さな成功体験をつみかさねて、イノベーションが生まれますように。

このようにしてできた「サービス・サイクル図」と「業務フロー図」は、すなわち「業務マニュアル」であることが本書をごらんになったみなさまには容易にご理解いただけるとおもいます。

「うまいやりかた」をかんがえるときに、現状の「サービス・サイクル図」と「業務フロー図」は欠かせません。顧客の嗜好がかわれば、「サービス・サイクル図」と「業務フロー図」をもとに、変化のポイントをチェックでき、それを業務に落とし込むシミュレーションができるからです。

すると、サービス・サイクル図と業務フロー図は、定期的な見直しが必要だということもわかります。

さらに、サービス・サイクル図と業務フロー図の運用によって、次のような意外な効果も期待できます。

予算策定の時期には、来年の売上や経費予算を見積もります。これは、本来、仕事のやり方を議論しているはずなのですが、従来のわくで発想すると単に売り上げ数字の見積もりや、経費予測の結果の損益計算をすることという意識になります。そこで「業務予算」という発想方法をかえた位置づけで対応されることをおすすめします。

売上予算や経費予算を積み上げ方式で策定する時代は、残念ながらおわりました。

昨年実績をみながら、いくらぐらい上乗せするのか？という発想では、お客様不在の数字の一人歩きになってしまいますし、根拠がうすいために金融機関からもつっかれるようなこともあるとおもいます。

経費削減でよくあるやり方は、損益計算書の経費科目ごとに議論するものです。

原価、人件費、水道光熱費以外の経費を、科目ごとに議論しても大きな効果は望めません。また、原価も、売上とセットとしてかんがえなければコントロールになりません。人件費は、働き方と働かせ方をかんがえなければ、モチベーションがさがってかえって高くなる可能性があります。水道光熱費もお客様の利用状況をかんがえなくてはなりません。

これは、どういうことかといえば、経費を使っている理由が、すべて人間がなにかしら動くと経費が発生するという法則にあるからです。

つまり、経費削減の重要な目線は、経費科目に着目するのではなく、お客様の動きと従業員の動き（＝仕事のやり方）をみつめなおすことがもっとも重要で、効果的な方法なのです。

それは、ドラッカーが「利益は存在しない」「存在するのはコストだけ（注16）」と言い切ったように、人為的にルール化した方法（税法や会社法など）で、経費を仕分けして似たものを集めてみせているだけだからです。

たとえば、「新聞・図書費」はどうでしょう？

客室にサービスで配達する新聞代と、重要顧客のおおくが趣味にしている分野の研究のためにスタッフが目を通すことにした雑誌購読があるとします。管理会計でかんがえれば、客室に配達する新聞代は、「客室原価」にしたくなります。重要顧客の価値観を捕捉するための雑誌購読料は、「研究費」にしたくなるではないですか。

しかし、いまの例での雑誌購読も、誰が研究しているのか？ということの方が重要です。

そして、どのような頻度や時間をかけているのかも問われるでしょう。

サービス・サイクル図の顧客接点のどこかに、その趣味についての情報が重要かつ必要であって、業務フロー図にもサービス品質を維持する基準として必要であれば、それは業務基準としての位置づけに明確にあらわれた必要経費になるのです。

このように、経費と行動が一致してみえるようにする努力が、単なるコストカットや積み上げ計算とはちがい、結局は売上増のための投資につながるのです。

（注13）大住雅明・村田晃一郎（２０１４）「電子カルテシステム導入後の運用コスト発生をいかに抑えるか」『月刊新医療』No.479、エム・イー振興協会。

（注14）株式会社サン・プラニング・システムズ（http://www.sunplanning.co.jp/product/igrafx/）。

（注15）　iGrafx ソリューション導入事例　㈱サン・プラニング・システムズ　より。

（注16）　ピーター・F・ドラッカー（Peter F. Drucker）／上田惇生訳（１９９４）『すでに起こった未来』ダイヤモンド社、57頁（初出『ウォールストリート・ジャーナル』紙、１９７５年）。

3-4　ケース・スタディー

本書の総仕上げとして、以下のケースを分析して改善案をかんがえてみてください。

わたしのセミナーでもたびたびつかうものです。いっけん、簡単そうなのですが、参加者のみなさんはけっこう深みにはまって苦慮するようです。

一行にひとつぐらいの割合で、キーワードになりそうなことばがちりばめられています。

「問題がたくさんありすぎる」とは、ある参加者の感想です。

本ケースは【与件】と【旅館でのできごと】の二部構成になっています。

サービス・サイクル図でかんがえると、【与件】が顧客目線を理解するための解説になっています。【旅館でのできごと】から読んですぐに分析するのと、【与件】から読むのとではおそらく結果がちがうとおもいます。【旅館でのできごと】だけを読んですぐに分析する手順は、よくやってしまう提供者の独りよがりのサービス提供になりがちです。

このようなちがいを本ケース・スタディーで体験されてみるのもおもしろいとおもいます。

また、現実のさまざまな出来事から、改善点を見つけだす方法としてもつかえます。みなさんも「ケース」をつくって、ナラティブな分析をしてみてはいかがでしょうか？

【与件】

吉田さん（45歳）は中堅メーカーの品質管理課長をしている。

会社の定期検診で、ここ数年連続の「B」評価になっていたが、毎日の忙しさについ放置してしまっている。

吉田さんは子どものころから運動が好きで、学生時代はスポーツマンであった。だから体力と健康だけは自信があったのだ。

しかし、ある日会社の健康管理室から呼び出しがあった。なにかとおもったら、とうとう血糖値の悪化から地域中核病院へ教育入院しなければならなくなってしまった。

教育入院とは、治療もさることながら糖尿病にかんする医師や薬剤師、看護師、管理栄養士の講義を毎日受け、病気への知識をふかめるための入院である。試験はないが、さまざまな教科書が用意されている。ここで、吉田さんは合併症の恐怖をしった。

退院後は、これまでとはちがい、相当に気をつける生活をしている。妻の由美子（42歳）も一緒に講義を聴いたことから、食品標準成分表をみながら料理するなど、本人以上に気をつかっている。糖尿病食は昔とちがって、全ての人に推奨できる「健康食」に進化しているという栄養士の講義が気に入ったようだ。実際、入院中の食事もおいしかった。

糖尿病は国民病といわれて久しい。平成19年の国民栄養調査で患者数は2200万人と予想され、国民の5人に1人は発病、あるいは疑いのある予備群と考えられている。糖尿病自体は直接生命にかかわる病気ではない。

問題は、高血糖状態が続くことによる血管へのダメージがさまざまな合併症を引き起こすことにある。「血管破壊病」と呼ぶほうがふさわしい病気である。血管には神経がないので自覚症状はほとんどなく、「サイレントキラー（静かな殺し屋）」ともいわれる。血管が破壊されれば、当然血行がわるくなるので、放置すると末梢神経が壊死をおこし足指の切断となったり、血管のかたまりである腎臓がこわれることでの人工透析や眼底の血管が破れた出血によって失明となる。これがおもな合併症である。さらに、高血圧症や高脂血症がくわると、脳や心臓に重大な問題を引き起こす原因となるため、死の三重奏ともいわれている。

合併症にかかる医療費負担の問題から、政府も糖尿病予防対策を一層強化する方針である。糖尿病は発病すると全治することのない病であるが、さまざまな療法によって合併症を発症させないことを目的とした治療がおこなわれている。

吉田さんは医師からすすめられた「糖質制限食」が気に入っている。糖質を食べるから血糖値が高くなるのである。糖質とは、体内で糖になる原料である。穀物（米、麦、トウモロコシ）はでんぷんなので、糖質そのもの。芋類も糖質である。野菜のなかでニンジンは糖分が高く、健康のためにと毎日飲んでいた野菜ミックスジュースにはニンジンが豊富なので中止してトマトジュースに変えている。

吉田さんが糖質制限食を気に入っている理由は、タンパク質摂取が問題ないからだ。肉や魚、ソーセージなどは問題ない。卵が好きなのでなおさらである。マヨネーズも糖質がない食品だ。医者には昔ながらのマヨネーズを勧められた。カロリーハーフなどというのは何が入っているかわからないからだと。これは糖尿病対策ではなく、人体全体への影響を心配してのことだ。オリーブ油は最も推奨される食用油である。糖質のない蒸留酒は適度なら禁止ではないのがうれしい。

焼酎などの蒸留酒は「カロリー」があるだけなので、ビールや日本酒とちがい体内で糖にならない。朝食は洋風が結婚いらいの習慣だったが、食パンが高度の糖質であり、砂糖で作られたジャムもきびしいことから、今ではすっかり和食派になった。ちなみにヨーロッパやアメリカでは心臓疾患の原因が疑われるトランス脂肪酸を含むのでマーガリンやショートニングは使用禁止になっている。先進国ではなぜか日本だけ規制がない。ジャムが保存食なのは、材料となる果物の細胞が濃度の高い糖のなかにあって細胞が死んだまま保存されるからで、まさに糖尿病の状態なのだ。

和食党になったといっても白米を食しているわけではない。なるべく消化のわるい玄米にしている。由美子はスーパーで発芽玄米があると近所の主婦から聞いたことを思い出した。1キロ千円という値段に一瞬迷ったが、夫の健康のために奮発した。食べてみると、白米よりおいしいのではないかとさえ思えた。それにしても高価な米である。そこで、自動で玄米を発芽させてから炊く炊飯器をネットでみつけ愛用している。

朝の散歩が日課となり、帰宅後は糖質ゼロの発泡酒や焼酎で晩酌。ビールや日本酒は糖質飲料なのでやめた。慣れたら不満はない。砂糖を使わずオリゴ糖の煮魚や焼き魚がおかずである。会社ではなるべく階段をつかうことにした。

困るのは昼食だった。糖質が少ないメニューがなかなか見つからない。最悪なのがカツ類で、パン粉で揚げている。ソースにはたっぷり砂糖が入っている。うどんは小麦なのでよくない。ソバならまだましだが毎日となると厳しい。中華好きだったが、今では足が遠のいている。定食屋でも総菜に砂糖がどのくらい使われているかわからない。豆腐だけは安心だ。

けっして神経質になって選択の幅を狭めているのではないが、どうも外食の内容に納得できないでいる。

そんな努力があって、毎月の検診でも医者から褒められることが多くなり、妙に生活が充実しているのである。「無病息災」ならぬ「一病息災」とはよくいったものだ。

「今度の休みどうしようか？」という妻に、温泉好きの吉田さんは、

「糖尿に効く温泉ってないのかな？」

「そうなの、ちょっと調べたの」由美子は、ネットで検索した内容を見せてくれた。

「温泉の効能から検索すると、意外に糖尿に効くって温泉は少ないのね。それに、入浴だけじゃなくて飲泉が効くって書いてあるわ」そこは、創業三百年の老舗旅館で、有名な観光地にあり、温泉博士のコメントでも「入浴だけでなく飲んで糖尿病に効く」とある。

さっそく予約した。

【旅館でのできごと】

バタバタと係の若い男性が走ってきた。「吉田様、いらっしゃいませ。」

ずいぶん静かな玄関だが、彼の声も吸い取られるようである。

「今日は暇なの？」と聞くと、

「吉田様のほかは数組だけです。うちの規模なら貸し切りみたいなものですよ。この前の連休はいそがしくて大変でした。今週は社長の機嫌もわるくて、さっきもおこられたばかりです。」

「あらら、機嫌わるいの？　社長さん。」

「はい、売上が悪いんです。それに、さきほどは明日到着予定のはずの外国人グループが突然到着して大騒ぎ

です。」

「日付違ったの？」

「明日だからダメだって言ったようですが、先方が紙に印刷したネット予約確認票を持っていて、それが、今日の日付だったみたいですよ。」

なんだかおもしろい従業員だが「この宿、大丈夫か？」と思う。

一息ついてまずはお風呂。脱衣所にある「温泉効能」を読みながら「おや？」と思う。「糖尿病」とはあるが、それは「入浴」で、肝心の「飲泉」の表示がない。

浴室の壁にプレートが貼ってあり、ここにも温泉の効能が書かれているが、下半分がマジックペンのようなもので黒く塗りつぶしてある。

あがって着替えていると湯番のおじいさんがやってきた。

「あの、ここのお湯は糖尿病にいいそうですね。」

「ああ、そうですよ。」

「飲めると聞きましたが。」

「いまはダメ。」

「えっ、ダメなのですか？」

「高校生が修学旅行で、ガブ飲みしたらおなかこわして、それで保健所からダメってことに。」

「保健所？」

「さいしょは食中毒じゃないかってさわいだけどね。いいお湯だよ。いまでも。でもね、コップで何杯も飲んじゃねぇ。しかも一気のみ。」

「普通一杯か二杯じゃないですか？」

「まぁ、一杯ならいいのではないかね。」

「それじゃ一杯飲みたいですね。」

「ちょっと待って、コップ持ってくるから。」湯番さんも本当は飲んでほしいのだ。

「はい、コップ。ゆっくり飲んでみて。」

微妙な味がした。硫黄のにおいとすこしの塩味だ。美味くはないが、ひどくまずくもない。これが効くとなればうれしくなる。

湯番さんはかつての飲泉所も見せてくれた。ここに竹でつくった湯飲みが掛けてあったのだという。なかなか凝ったつくりだ。

「地下1500メートルから湧いてくるらしいんだが、何年かけてくるか。昔よくいらした地質学者の先生のはなしでは、数百年からときには数万年かけて地上にでてくるとか。このお湯は、いま空気にはじめて触れたから、数万年ぶりかな？」

貴重な温泉を飲めて、吉田さんは来てよかったとおもった。

夕食は大宴会場だが、椅子、テーブル席であった。隣とはパテーションで仕切られているため、それなりの空間になっている。どうやら床は畳のままだが、毛氈が敷き詰めてある。由美子は「椅子でよかったわ」という。

わが家は正座の生活をしていない。「ここならお母さんも連れてこれるわね。」年寄りほど畳を嫌がる。

「糖尿病の特別料理の方はこの席」と言って案内された。

吉田さんはちょっとドキッとした。隣の席のひとに病名を聞かれたかと思うと、正直嫌な気分である。座ると、糖尿病ではない由美子の料理と比べたが、その違いがはっきりしない。

まずは飲み物の注文、だが、例によってメニューにはビールと日本酒しかない。

「糖質ゼロのビール風飲料はありますか?」係りのひとは不思議そうな顔をして、

「生ビールか瓶ビールだけになります。」と素っ気ない。

「焼酎かウィスキーはありますか?」

「焼酎はあります。」

飲み物が揃ったところで、料理の説明があった。由美子との違いは煮物であった。煮物の中身ではない。由美子は煮物の鉢があり、吉田さんにはなんと「てんぷらそば」がきたのである。「あの、どうして『てんぷらそば』なんですか?」と聞くと、どうやら、予約のときに由美子がいった「芋類が特にいけません」だけが情報として伝わっていたようである。つまり、嫌いなものと同列扱いだったようだ。

ほかの料理はすべて同じ。甘いデザートもついてきた。それにしても、どうして旅館の料理はどこも懐石風なのだろうか? べつに懐石料理を食べたいわけでもないし、いろいろ器にも凝っているのだろうが、感動を覚えたことは幾度もない。いつしかできあがった旅館料理のルールなのだろうか?

糖尿病の名湯といわれる老舗旅館なのに、糖尿病の知識が料理にもサービスにも、みじんもかんじられない。ガッカリだ。

朝食はバイキング。

「おはようございます。」

会場に入るなり皿と箸、お手拭きがのっているトレーを渡してくれるひとがいる。

メニューは、はるばる出かけてきて、どうしてこの料理なのかわからないものばかり。そういえば、昨晩のメニューにもまぐろや甘エビが入ったお造りもでた。ここは標高１０００メートルの山奥なのに。現地だからこそというメニューが見あたらないし、誰も説明してくれない。

野菜サラダも大きなボールにきれいな飾り付けがされているが、数人が取れば飾りもなにもない。最初からサラダのパーツになる野菜を置いて、お客の皿のなかに好きなようなサラダをつくらせればよいのに。目的と手段がミスマッチして、結果的に料理人の手間がムダになっていると感じた。

昨日間違えてやってきたという外国人グループは、どうやらインターナショナルスクールの合宿だったようだ。どんな料理が人気なのか観察していると、皆困ったような顔をしている。

ごはんをよそう係りと、味噌汁をよそう係りのひとがいる。バイキングなのになぜだろう？　手持ち無沙汰かとおもうと、お客の波が来て、ごはんと味噌汁で渋滞している。お客はおかずがたっぷり載ったトレーを重そうに持って並んで待っている。

「おい、あれ見ろよ」

「なに？」

「この宿、お客に重いもの持たせたまま待たせているのが気づかないのかな？」

「あら、あっという間に混んじゃったのね。」

「うふふ。定年退職したら、ここに就職しようかな？　温泉たっぷり飲めそうだし。」

「なによ、突然に？」

「ご飯と味噌汁をよそう係をつけることがいいサービスだとおもっているらしいけど、お客にとっては自分でよそうのは苦痛じゃないけど、重いの持って待たされるのはイヤなんじゃないか？」

「たしかにそうね。」

「これって品質管理の基礎だよ。」

「いやだ、あなた旅行にきて仕事のはなしはやめてよ。」

「外国人の生徒さんたち、食べ終わったけどだれも片づけないから次のお客が外で待ってるぞ！」

「あら、下げものの係りは一人だけなのね。」

「みろよ。トレーの係りもご飯も味噌汁の係りも、けっして持ち場を離れずひまそうだ。絵に描いたような非効率。おい、奥にいてみえなかったけどご丁寧にもコーヒーをよそう係りまでいるぞ！」

「ちょっと、あなた！」

帰り支度もすまし、フロントでチェックアウトの前に売店をのぞいてみた。

欲しいものがなにもない。漠然と商品をみていて、何か空想していた。それは吉田さんの子供の頃のことだ。

「そうか、わかった！」吉田さんはこの宿での滞在を無意識に総括していた。

あのころから時計が止まっているのだ。小学生の夏休みに両親と行った家族旅行を思い出した。

ふとわれにかえると、宿の自販機で買ったお茶の飲み終えたペットボトルをだして風呂場へ行った。温泉を持ち帰って家で飲むつもりだ。

今朝の血糖値は予想以上に良い数字だった。効いているかもしれない。

駐車場に向かっていると、庭のほうから、

「吉田様、おはようございます！」

昨日の若い従業員だ。

「吉田様も糖尿病だったんですね。」おいおい、とおもったがどこか憎めない。

「も、ってことは？」

「僕も糖尿病なんです。お母さんが温泉旅館に就職するなら、糖尿で有名なこの旅館がいいって決めたんです。」

そういいながら、低血糖で意識をうしないかけたときに助けを求めるカードを見せてくれた。

糖尿病患者は、血糖値を下げる薬を常用しているが、体調によっては効き過ぎて低血糖症状を起こすことがある。冷や汗やめまい程度なら軽いが、重くなると意識不明となり、下手をするとそのまま死に至ることもあるので、すぐにサイダーなどの甘いものを与える必要がある。このカードには処置方法がかいてあるのだ。

「君は普段から食事にきをつけているかい？」

「もちろんですよ。そうじゃないと長生きできませんから。」

「それじゃ、社長からほめられることを教えてあげる。」

「？」

「君が知っている糖尿の知識で、この宿の料理の監修をしたらいい。」

「ずいぶん前に料理をみたことがあるけど…」

「食べたことないの？」

「ありませんよ。一回も。僕は客室係りだから。」

「昨夜はこんな料理だったよ。」吉田さんは丁寧に説明してあげた。

「あり得ませんよ。そんなの。糖尿には毒ばかりじゃないですか！　血糖コントロールができなくなっちゃう。」

「な、だからほめられるよ。」

超辛口コラム9　売らずに儲ける方法例

本書の冒頭に質問させていただきました。

どうも放置されたようで気分が悪いという声がきこえそうなので、ここで解答例をお示しいたしましょう。

とある宿では、毎年「夏の宿泊プラン」を販売しています。しかし、この宿は都心に近い立地のため、リゾートとはちがって夏休み中の宿泊需要は、一年でもっとも落ち込むという特性があります。そこで、毎年「特別に格安プランを販売して、なんとか稼働率と売り上げをかせごうと努力していました。

春三月、ことしの夏のプラン企画会議が開催されました。当然ながら、ことしも「いかに安く売るか」がテーマになるはずでした。しかし、へそ曲がりの担当者がことしは参加しています。例年とのちがいは、もうひとつ、九月の中旬に大型の国際会議があるということです。

この宿は、従業員の夏休みを六月から九月までの期間に取得させることになっています。放置すると、大型の国際会議期間中にも、夏休みをとらないとシフトがまわらない危険がありました。十月になって夏休みをとらせることは協定上もできません。

こんなことをみすえたへそ曲がりの担当者は、失敗が許されない国際会議のための要員確保を確実にするため、八月をいかに売らないで休暇をとらせ、かつ儲けがでないかをかんがえました。

予約責任者とハウスキーパーの責任者との話し合いで、フロアーの売り止めの可能性を検討しました。この宿では、客室清掃は複数の会社へ業務委託しています。そこで、会社ごとに担当するフロアーの部屋を売り止めることで、清掃委託費の削減をしつつ、各社に研修としてそのフロアーを預けることにしました。国際会議での清掃クレームをゼロにするための研修です。

一方、確実に予約が入らないようにするにはどうするか? 予約責任者からのアイデアは、値上げでした。当初、ワンコイン、五百円の値上げとしました。そして、エージェント各社での販売も、一斉に値上げしたのです。

結果は、ベテラン従業員も、入社以来はじめてお盆時期に休暇がとれ、家族で帰省できたそうで、国際会議までに全員の休暇取得ができました。そして、売り上げは前年比を下回りましたが、一人単価が１０００円も上昇し、清掃委託費の削減効果で、八月としては過去最高の利益を計上することができました。ちなみに、客室販売をしないという情報はレストラン担当にも知らせましたので、レストラン側も夏期休暇を消化できました。

そして、国際会議での清掃クレームは、目標どおりゼロを達成したのです。

最近では、業績のよい宿が実質的な休館日をもうけている例を散見します。計画的に休みをつくって、従業員もふくめ他館を見学にいくなどしてアンテナを高くしています。売らずに儲ける方法はあるのです。

その他参考資料

『コトラーのマーケティング入門第４版[注17]』

『コトラーのホスピタリティ＆ツーリズム・マーケティング第３版[注18]』。

（注17）フィリップ・コトラー／恩藏直人監修／月谷真紀訳（１９９９）『コトラーのマーケティング入門』第４版、ピアソン・エデュケーション。※丸善出版より再出版（２０１４年２月26日）

（注18）フィリップ・コトラー／白井義男監修／平林祥訳（２００３）『コトラーのホスピタリティ＆ツーリズム・マーケティング』第３版、ピアソン・エデュケーション。

宿泊施設の魅力は、さまざまな人生のまじわるところだとおもいます。そこにやってくる人々の人生の知見にたいして、お迎えする側の知見は対抗できているのか？

情報産業としてとらえることの厳しさは、知見を得ることとのたたかいとすれば、あまりにも弱い現状の姿なのです。

これはプロとしてめげずに磨くしかありません。

謝辞

本書出版にあたって、おおくの方がたの協力をいただきました。

なかでも、出版社である文眞堂をご紹介いただいた、わたしの恩師である中央大学経済学部教授長谷川聰哲先生の助力なくしては、本書が世に出ることがなかったことは間違いありません。さらに、先生には原稿全体のチェックと専門的で貴重な助言をいただきました。特にお礼を申し述べたいとおもいます。

また、株式会社三井不動産ホテルマネジメントで社長・会長を歴任された、松本邦夫氏は、大手旅館チェーンの幹部研修講師としてご一緒してから親しくさせていただいております。本書の構想段階から応援を約束してくださり、光栄なことに本書推薦文を頂戴しました。身に余るご厚意に感謝いたします。

本書の前提となるさまざまな経験と知識の基礎は、わたしのこれまでの職業人生のなかでも、その大半を占める株式会社帝国ホテルで得られたものです。原稿チェックのご協力を含め、わが心のふるさと、帝国ホテルに対して深く感謝したいとおもいます。そして、社歴として長かった経営企画畑の上司にして、現在はわたしと同様にコンサルティングの世界で活躍中の井垣安距氏の厳しい指導のおかげでもあります。帝国ホテルの元同僚にして後輩、そして、わたしが投資銀行をやめてから一緒にコンサルタント活動をした清兼拓也氏には、本書の構想について相談にのってもらいました。

「ブランド戦略」との出会いは、わたしの二十代も終わりのころで、それは武内良正氏との出会いと同時の出来事でした。武内氏は言わずと知れた「ブランド」の世界の第一人者です。本書のブランドに関する記述についても、氏の暖かい援助がありました。

株式会社ホテルオークラ代表取締役専務執行役員の後藤建二氏には、原稿の内容確認と社名表記ならびに個人名の掲載許可など、ご尽力いただきました。株式会社日本コンサルタントグループの石渡馨氏、株式会社サン・プラニング・システムズの新垣明取締役には、資料の提供を快くいただきました。本書掲載の快諾をいただきました株式会社ロイヤルホテル、また、ＴＩ電卓の日本での総代理店である株式会社ナオコの中澤房紀社長、函館のラッキーピエログループ王未来副社長には、励ましのお言葉をいただきました。有限会社冨岡商店の冨岡浩樹社長には、外国滞在の取り込み中に原稿のチェックをむりやりお願いしたのにもかかわらず、丁寧な対応をいただきました。

執筆および校正にあたっては、株式会社帝国ホテル経営開発室（当時）の元同僚にして後輩にあたる、服部裕和氏の献身的な力添えをいただきました。論理的矛盾がないかなど、踏み込んだチェックを根気よく重ね、連日深夜までおつき合いいただきました。氏の御尊父とわたしの父（いずれも故人で名前も昭和二年生まれの昭二で同じ）が、戦友同士であったことも奇遇な関係です。当然ですが、本書における責任はすべて著者にあります。

本書の表紙イラストは、高校の同輩、籾山浩一氏によるものです。籾山氏は、かの有名な週刊誌で人気連載の似顔絵塾に投稿最短で「特待生」に選ばれた逸材です。今回は、わたしのわがままに応じてくれました。

文眞堂の前野隆社長、編集の山崎勝徳氏には、原稿の整理にあたって格段のお世話をおかけしました。このほか、さまざまな方がたのご支援をいただきました。みなさまに、謝してお礼申し上げます。

最後に、カイロの在エジプト日本国大使館勤務時代から深くおつき合いいいただき、昨春に永眠されたわたしたち夫婦の仲人親である、慶應義塾大学湯川武名誉教授と喜久子夫人、そして、今年銀婚式をむかえ、執筆中のわたしを陰に陽に支えてくれた糟糠の妻恵子に本書を捧げます。

２０１５年6月29日　結婚記念日に　著者

【著者紹介】

青木昌城（あおき　まさしろ）

1961年横浜生まれ。大学四年在学中の1983年から85年の二年間、外務省派遣員として在エジプト日本国大使館に勤務。86年に株式会社帝国ホテル入社。フロント勤務を経て、経営管理室に異動し、その後は経営企画畑一筋。

この間、全社予算管理制度の構築をはじめ、ホテル開発、店舗管理などを担当し、社内コンサルとして活動した。

2002年に帝国ホテル東京、本館大改修計画の営業推進リーダーとして全体とりまとめをし、2006年に退社。同年、シティグループの投資銀行部門である、シティグループ・プリンシパル・インベストメンツ・ジャパン株式会社に入社し、自己勘定投資したホテル・旅館・スキー場などの再生事業を担当する。その後、ホスピタリティーコーチングサービスを設立、経営コンサルタントとして独立し、現在にいたる。

ホテル出身でありながら、主たる職歴が経営企画畑という異色の経歴で、投資銀行での業務も踏まえ、業績を伸ばしている企業と困窮化してしまっている企業それぞれを経験し、特に困窮化している企業を救うことに情熱を燃やしている人気のコンサルタントである。

共著に、エジプトから帰国直後執筆した『地球の歩き方　エジプト・イスラエル』ダイヤモンド・ビッグ社（初版1986）、があるのも異色。

ご相談等の連絡先は以下のとおり。

aoki@hcsv.biz

「おもてなし」依存が会社をダメにする

――観光、ホテル、旅館業のための情報産業論――

二〇一五年六月二九日　第一版第一刷発行

検印省略

著者　青木昌城

発行者　前野隆

東京都新宿区早稲田鶴巻町五三三

発行所　株式会社　文眞堂

電話　〇三―三二〇二―八四八〇

FAX　〇三―三二〇三―二六三八

〒一六二―〇〇四一　振替　〇〇一二〇―二―九六四三七番

印刷　真興社

製本　イマヰ製本所

http://www.bunshin-do.co.jp

ISBN978-4-8309-4853-4　C0034